lonely planet

BALI

EN QUELQUES JOURS

MASOVAIDA MORGAN, MARK JOHANSON,
VIRGINIA MAXWELL

Sommaire

Préparer son séjour 4

Participante à la procession précédant Nyepi (p. 2

Explorer Bali 32

Vaut le détour

Carnet pratique 146

Coups de projecteur

Avertissement

Au moment où nous terminions l'édition de ce guide, la pandémie de Covid-19 impactait fortement le monde du voyage. Les informations que vous trouverez dans cet ouvrage sont donc susceptibles de changements.

Renseignez-vous bien avant votre départ car la situation aura probablement évolué quand vous préparerez votre voyage.

Bienvenue à Bali

Le simple nom de Bali évoque un paradis. Plus qu'un lieu, il s'agit d'une ambiance, d'une spiritualité, d'un état d'esprit tropical. La riche culture balinaise s'exprime dans tous les domaines, des offrandes de pétales de fleurs à la musique et à la danse. Ajoutez-y des plages de sable fin, des spots de surf de classe mondiale, une délicieuse cuisine, d'éblouissants couchers de soleil et des possibilités de shopping quasi infinies. Vous ne vous lasserez jamais de Bali !

Danseuse de *legong* (p. 132)

Les incontournables

Les rizières d'Ubud

Des patchworks couleur émeraude recouvrent la terre. **p. 116**

MARTIN PUDDY / GETTY IMAGES ©

Pura Luhur Ulu Watu

Le centre spirituel le plus méridional de Bali. **p. 80**

MATTHEW MICAH WRIGHT / GETTY IMAGES ©

Plages de Kuta et Legian

C'est à Kuta Beach qu'est né le tourisme à Bali. **p. 36**

NITISH WAILA / SHUTTERSTOCK ©

Nusa Lembongan

Une escapade paisible sur fond de couchers de soleil légendaires.
p. 106

Gili Trawangan

Un terrain de jeu tropical dans une ambiance bohème.
p. 144

ANDREW BROWNBILL / GETTY IMAGES ©

Se restaurer

Bali est réputée pour sa gastronomie. La cuisine locale, qu'elle soit purement balinaise ou influencée par le reste de l'Indonésie et l'Asie, tire parti des nombreux produits frais de la région. Elle est riche en épices et en saveurs. Goûtez-la dans les warung (simples cafés locaux) au bord des routes ou dans les restaurants luxueux. Hors des grandes villes, des restaurants proposent une excellente cuisine régionale.

Cuisine balinaise

Où que vous alliez, d'agréables effluves embaument l'air. Dans les villages, les femmes vont au marché le matin pour acheter les produits qui viennent d'être récoltés et cuisinent pour la journée. Une fois prêts, les plats sont déposés couverts sur la table ou dans un placard vitré pour que les membres de la famille puissent se servir dans la journée.

Fast-food à la balinaise

Ce sont les stands de rue qui offrent généralement la cuisine balinaise la plus authentique. Les habitants se pressent autour des étals sur les marchés ou dans les villages, hèlent les *pedagang* (marchands ambulants) qui transportent des en-cas salés et sucrés à vélo ou à moto, et font la queue pour des satay ou des *bakso* (boulettes de viande chinoises dans un bouillon léger) devant les carrioles *kaki lima*. *Kaki lima* (littéralement "cinq pieds") se réfère aux trois pieds de la carriole et aux deux jambes du vendeur, souvent originaire de Java.

Un paradis pour les végétariens

Bali est le paradis des végétariens. Le tofu et le *tempeh* font partie des aliments de base et de nombreux plats balinais sont végétariens. Goûtez le *nasi saur* (riz parfumé à la

HEDGEHOG111 / SHUTTERSTOCK ©

noix de coco et accompagné de tofu, de *tempeh*, de légumes et parfois d'œuf), l'*urap* (un savoureux mélange de légumes vapeur, de noix de coco râpée et d'épices), le *gado gado* (tofu et *tempeh* mélangés à des légumes vapeur et un œuf dur dans une sauce cacahuète) ou encore le *sayur hijau* (des légumes verts, généralement du *kangkung* – liseron d'eau – avec une sauce tomate pimentée).

Restaurants

Bali Asli *Nasi campur* ultra-frais et vue spectaculaire sur les rizières sont au menu de ce restaurant, qui fait aussi office d'école de cuisine. (p. 142)

Sardine Dans une rizière privée, c'est une véritable oasis au cœur du tohu-bohu du sud de Bali. Excellent bar et produits de la mer exquis. (p. 67)

Mozaic Restaurant chic dans un ravissant jardin d'Ubud. (p. 129)

Hujon Locale À la fois élégant et décontracté, le restaurant délicieusement tendance de Will Meyrick sert des produits frais et locaux. (p. 125)

Bumbu Bali Restaurant Des plats savoureux et des cours de cuisine réputés, le tout dans un cadre sublime. (p. 92)

Prendre un verre et faire la fête

Contrairement à d'autres régions d'Indonésie, à Bali, on aime boire et faire la fête. Cafés, jus fraîchement pressés, bière Bintang, cocktails, il y en a pour tous les goûts et toutes les occasions. Et les adresses ne manquent pas : des cafés en bord de mer aux boîtes de nuit, vous ne serez jamais loin de votre prochain verre.

Bière et vin

Les buveurs de bière sont servis à Bali. Omniprésente, la Bintang, bière nationale indonésienne, est une blonde agréable. La Bali Hai, en revanche, est décevante.

Pour les amateurs de vin, mieux vaut avoir un portefeuille bien fourni. Les nombreux hôtels et restaurants haut de gamme proposent de bons vins du monde entier, mais de lourdes taxes font grimper les prix. Une bouteille de vin australien correct avoisine 50 $US.

Alcools locaux

Lors de grandes occasions, les hommes balinais boivent de l'*arak* (vin fermenté à base de riz ou de palme ou... d'autres matières), généralement sans excès. Prenez garde à l'*arak* frelaté, rare mais assez dangereux.

Jus de fruits frais

Marchés, stands de rue, *warung* et cafés servent d'excellents rafraîchissements sans alcool, parfois de couleurs très vives. Le *cendol*, l'un des plus populaires à Bali, se compose de nouilles de riz, de sucre de canne, de lait de coco frais, de glace pilée et de divers autres parfums et ingrédients.

Café et thé

Nombre de restaurants occidentaux servent des cafés et des thés importés en plus des marques locales, dont certaines sont excellentes.

Café le plus cher (environ 200 000 Rp la tasse) et sans doute le plus rare au monde, le surprenant

RIBEIRODOSSANTOS / SHUTTERSTOCK ©

kopi luwak n'existe qu'en Indonésie. Il doit son nom à la civette palmiste *(luwak)*, originaire de l'île des Célèbes, de Sumatra et de Java, qui se nourrit de baies de café mûres. À l'origine, les producteurs ramassaient les grains intacts dans les excréments de la civette pour en faire un café réputé pour son absence d'amertume. Aujourd'hui, l'intérêt pour le *kopi luwak* dépasse toute raison et provoque de nombreux abus, des imitations à la maltraitance avérée des animaux.

Clubs de plage

Omnia Le plus au sud et le plus en vogue de Bali, ce club de plage surplombe les falaises de la péninsule de Bukit. Ambiance hip-hop. (p. 85)

Potato Head Difficile de trouver plus élégant que ce bar lounge et cette salle de concerts sur plusieurs niveaux à même la plage. (p. 68)

Mrs Sippy Un club de plage de style méditerranéen avec trois hauteurs de plongeoirs. (p. 68)

La Plancha Prélassez-vous sur le sable sous les parasols colorés avant que le DJ ne mette l'ambiance. (p. 57 ; photo)

Pour faire la fête

La Favela Passez l'entrée la plus charmante de Bali pour découvrir ce bar bohème animé. (p. 55)

Jenja Discothèque élégante sur plusieurs niveaux fréquentée par les Balinais aisés et les expatriés. (p. 46)

Cafés

Revolver Un café rétro rappelant le Far West qui propose des boissons et des en-cas excellents. (p. 56)

Bhineka Djaja Du café local et un délicieux expresso dans la vieille rue principale de Denpasar. (p. 112)

Shopping

À Bali, vous pourriez consacrer des journées entières au shopping. Boutiques de créateurs (l'île possède une industrie de la mode prospère), galeries audacieuses, grands magasins ou ateliers familiaux vous séduiront.

Boutiques de Seminyak

Faire du shopping à Seminyak et Kerobokan vaut le détour : le choix est extraordinaire. En plus des marchés qui vendent des objets typiques de Bali comme les sacs en rotin ou les sarongs, il y a de beaucoup de boutiques de surf, de vêtements et de bijoux de créateurs.

Shopping à Ubud

Ubud concentre des boutiques et galeries d'art, dont la plupart proposent des articles faits localement. Un nombre impressionnant de galeries, studios et ateliers d'artisanat se trouvent également dans les villages au nord et au sud.

Jl Peliatan est devenue la principale rue commerçante. C'est là que les Balinais viennent faire leurs emplettes.

Marchander

Le marchandage est l'un des plaisirs du shopping à Bali. Voici quelques conseils :

- Ayez une idée de la valeur de l'article.
- Établissez un prix de départ – demandez son prix au vendeur.
- Faites une offre équivalant à un ou deux tiers de ce prix.
- Si le prix ne vous convient pas, partez : le vendeur le baissera peut-être.
- Si vous donnez un prix et que votre offre est acceptée, vous devez acheter l'article.

Vêtements

Bamboo Blonde Chaîne de boutiques plaisantes de créateurs locaux. (p. 59)

Thaikila Des bikinis faits à Bali avec une petite touche française. (p. 58)

MOIRENC CAMILLE / HEMIS.FR / GETTY IMAGES ©

Uma & Leopold Vêtements de luxe et tenues à fanfreluches. (p. 58)

It Was All A Dream Boutique tendance vendant des articles en cuir de qualité, des jeans vintage et des pulls classiques. (p. 71)

Lèche-vitrines

Love Anchor Marché branché dans un *joglo* traditionnel. (p. 71)

Ganesha Bookshop La meilleure librairie de Bali. (p. 134)

Pasar Badung On trouve de tout au grand marché central de Bali. (p. 113 ; photo)

Theatre Art Gallery Modèles anciens et reproductions de marionnettes traditionnelles. (p. 59)

Pour la maison

Souq L'inspiration est moyen-orientale, la création balinaise. (p. 58)

Kou Des savons faits main pour emporter chez vous les senteurs de Bali. (p. 134)

Namaste Pour acheter pierres de cristal et autres articles new age. (p. 134)

Surf

Dylan Board Store Planches sur mesure par le surfeur Dylan Longbottom. (p. 71)

Drifter Matériel et vêtements haut de gamme. (p. 57)

Luke Studer Le légendaire fabricant de planches de Bali. (p. 46)

Surfer Girl Marque de vêtements de surf emblématique de Bali. (p. 47)

Cadeaux et souvenirs

Threads of Life Indonesian Textile Arts Center Textiles balinais traditionnels faits main. (p. 133)

Joger Boutique réputée de Bali. (p. 47)

Ashitaba Articles en rotin d'une grande finesse. (p. 59)

Confiture de Bali Une petite boutique qui vend du beurre et des confitures de fruits locaux. (p. 135)

Plages

Bali est bordée de plages. Elles sont si variées que tout le monde y trouvera son bonheur. Ce n'est pas un hasard si les premiers touristes sont arrivés à Kuta Beach : de chaque côté, la jolie plage, qui s'étend à perte de vue, est léchée par des vagues formant de longs rubans blancs.

À chaque humeur sa plage

Le dimanche, les habitants investissent Kuta Beach ; tous les jours, massages et bières bon marché (conservées dans des glacières) sont proposés le long de la plage. Les vacanciers ont tendance à choisir une portion de plage et à y retourner pendant le reste de leur séjour ; il ne reste plus qu'à se lier d'amitié avec les vendeurs ! De Seminyak à Echo Beach, plus au nord, en passant par Batubelig et Batu Bolong, se succèdent cafés branchés, clubs chics et marchands de bière ambulants.

Au sud de l'aéroport et jusqu'à Ulu Watu, la vaste péninsule de Bukit, aride et rocheuse, abrite de nombreuses plages dissimulées dans de petites criques au pied des falaises. Ces plages de sable blanc sont idéales pour observer les surfeurs dans un cadre idyllique. À Nusa Dua, Tanjung Benoa et Sanur, les familles profitent des plages aux eaux peu profondes, protégées par les récifs et nettoyées chaque jour. L'est de Bali possède quantité de plages de sable volcanique noir peu fréquentées, tandis qu'à Nusa Lembongan, les *guesthouses* sur la plage offrent une vue formidable sur les couchers de soleil. Sur Gili Trawangan, le merveilleux sable blanc est bordé de bars et de clubs où faire la fête.

Entre amis

Double Six Beach Agréable mélange de touristes et d'habitants. (p. 40)

MICHELE FALZONE / GETTY IMAGES ©

Gili Trawangan Sa réputation festive ne se dément pas. (p. 144)

Seminyak Beach Clubs et cafés, chics et sans prétention, jalonnent la plage. (p. 52)

Batu Bolong Le nouveau lieu branché où l'on trouve de tout. (p. 65)

Balangan Beach Une crique de sable blanc qui vaut le détour. (p. 83 ; photo)

Kuta Beach La célèbre plage est toujours aussi animée. (p. 37)

Echo Beach Les foules viennent y admirer les surfeurs en action. (p. 65)

Padang Padang Beach Assez petite pour rester conviviale les jours d'affluence. (p. 83)

En famille

Kuta Beach La plage des écoles de surf. (p. 37)

Sanur Beach Les enfants s'amuseront des vaguelettes. (p. 101)

Batu Bolong Beach Un lieu apprécié des enfants de tous âges. (p. 65)

Pour s'évader

Bingin Beach Une plage paisible et difficile d'accès. (p. 84)

Pantai Patra Jasa Un joyau bien caché. (p. 41)

Pour se détendre

Balangan Beach Ce croissant de sable blanc est idéal pour piquer un somme ou prendre un verre. (p. 83)

Plages de Nusa Lembongan Des petites criques de sable fin où se baigner et à découvrir à pied. (p. 107)

Pour dîner

Jimbaran Une plage réputée pour ses restaurants de poissons grillés. (p. 75)

Pasir Putih La plus belle plage de l'est de Bali, jalonnée d'excellents cafés. Près de Candidasa White Sand Beach. (p. 141)

Pantai Lebih Vue sur les bateaux de pêche sur le rivage en dégustant la pêche du jour. (p. 141)

Plongée et snorkeling

Avec ses eaux chaudes, ses vastes récifs et son abondante vie marine, Bali se prête parfaitement à la plongée et au snorkeling. Sur toute l'île, des écoles et des centres de plongée fiables accueillent les débutants et organisent d'intéressantes sorties pour les plus expérimentés.

Meilleurs sites

Les sites les plus spectaculaires de Bali attirent les plongeurs du monde entier. Les plus chevronnés apprécieront l'aspect technique de Nusa Penida, un site réputé pour ses bancs de raies mantas et de poissons-lunes de 2,5 m de long. Au large de Pulau Menjangan, des murs impressionnants de 30 m de haut attendent les plongeurs de tous âges et de tous niveaux, avec bouteille ou simplement masque et tuba. Tulamben (p. 142) et son épave de cargo datant de la Seconde Guerre mondiale convient également à la plongée comme au snorkeling, pour les bons nageurs.

Équipement

Si vous n'êtes pas difficile, vous trouverez tout l'équipement nécessaire à Bali, sur les îles Gili et à Lombok (de qualité, taille et degré d'usure variables). Si vous apportez votre matériel, vous obtiendrez généralement une remise sur le tarif des plongées.

N'hésitez pas à emporter avec vous des gants de protection, des sangles de masque, de la graisse de silicone et des ampoules pour votre torche

DUDAREV MIKHAIL / SHUTTERSTOCK ©

de plongée. Les bouteilles et les ceintures de lestage sont généralement comprises dans le prix.

Vous pouvez aussi prévoir un masque, un tuba et des palmes ; une combinaison intégrale fine (au large de Nusa Penida, mieux vaut avoir une combinaison de plus de 3 mm d'épaisseur, la houle faisant remonter des eaux à 18°C) ; des détendeurs et des gilets de stabilisation.

Plongée

Gili Trawangan Boutiques et spots de plongée abondent ici. L'apnée y est pratiquée, et les récifs ne manquent pas. (p. 144)

Nusa Lembongan L'île recèle quantité de très bons sites, tout comme ses deux voisines. (p. 106)

World Diving Excellent centre de Nusa Lembongan proposant sorties et brevets. Excursions dans les eaux profondes au large de Nusa Penida. (p. 107)

Crystal Divers Ce fameux centre de plongée de Sanur dispense d'excellents cours et organise des excursions. (p. 102)

Snorkeling

Gili Trawangan Poissons et récifs abondent juste devant la plage. (p. 144)

Nusa Lembongan De beaux sites avec récifs et mangroves. (p. 106)

Padangbai Plongée avec tuba près de la plage. (p. 142)

Surya Water Sports (☎0361-287956 ; www.balisuryadivecenter.com ; Jl Duyung 10 ; 8h-20h). Excursions de snorkeling en bateau avec le meilleur opérateur de sports aquatiques de Sanur.

Bien-être

Que ce soit pour apaiser le corps et l'esprit ou pour un peu de sérénité, de nombreux voyageurs passent des heures (voire des jours) à se faire masser, gommer, parfumer ou chouchouter. Le cadre varie – plage, jardin et hôtel élégant, voire somptueux.

LUCKY BUSINESS / SHUTTERSTOCK ©

Bien-être pour tous

On trouve des spas dans de petites rues comme dans les hôtels les plus chics. Les nombreux soins proposés vont des massages relaxants aux tentatives de purification du corps, et parfois de l'esprit. Vous pouvez vous allonger sur un matelas et savourer, ou participer à l'activité ; le yoga est très prisé à Bali. La culture et le tempérament des Balinais rendent l'expérience encore plus stimulante.

Massage balinais

Les techniques de massage traditionnel balinais – étirement, longs mouvements, palper-rouler et pressions de la paume et du pouce – font baisser la tension, améliorent la circulation sanguine et procurent un sentiment d'apaisement total. Les soins traditionnels aux herbes sont très appréciés.

Massages

Jari Menari Centre réputé de Bali pour ses massages techniques. (p. 52)

Sundari Day Spa Les huiles bio donnent le ton de ce spa. (p. 66)

Spas

Jamu Traditional Spa Très fréquenté, serein et chic. (p. 42)

Jamu Wellness Spa élégant offrant toute une gamme de soins. (p. 102)

Yoga

Yoga Barn Le centre de référence pour le yoga à Ubud. (p. 125)

Taksu Spa Yoga et soins. (p. 125)

Power of Now Oasis Yoga sur la plage à l'aube. (p. 101)

Surf

Vous trouverez des dizaines de grands breaks ici. C'est d'ailleurs à Bali qu'est né le surf en Asie, et l'engouement n'est pas près de s'arrêter. Les surfeurs parcourent l'île à moto, à la recherche du prochain spot. Ne manquez pas le rendez-vous classique des surfeurs à Balian Beach.

TRUBAVIN / SHUTTERSTOCK ©

Où surfer

Les vagues déferlantes provenant de l'océan Indien, le surf est pratiqué dans toute la partie sud de Bali et sur la côte nord-ouest de l'île de Nusa Lembongan, où la houle s'engouffre dans le détroit formé avec la côte balinaise.

Pendant la saison sèche (avr-sept), les meilleurs *breaks* sont sur la côte ouest, quand les alizés soufflent du sud-est. C'est aussi la meilleure période à Nusa Lembongan. Pendant la saison humide, c'est la partie est de l'île, de Nusa Dua à Padangbai, qui se prête le mieux au surf. Si le vent souffle du nord – ou s'il n'y en a pas – vous trouverez encore deux ou trois *breaks* sur la côte sud de la péninsule de Bukit.

Louez une moto avec remorque pour votre planche ou une voiture avec chauffeur capable de les transporter ; deux solutions faciles à mettre en œuvre.

Breaks de surf

Kuta Beach Première plage de surf de Bali, et toujours du succès. (p. 37)

Batu Bolong Sable fin, nombreux surfeurs et ambiance festive. (p. 65)

Bingin Plage isolée au pied d'une falaise, proche d'hébergements bon marché. (p. 84)

Double Six Beach Mélange de touristes et de locaux. (p. 40)

Impossibles *Reef break* difficile au large. (p. 84)

Echo Beach Puissantes vagues et nombreux spectateurs. (p. 65)

Ulu Watu Les meilleurs *breaks* de surf. (p. 83)

Balangan Une superbe plage dotée de sympathiques cafés. (p. 83)

Nusa Lembongan Trois célèbres *breaks* devant Jungutbatu Beach. (p. 106)

Fêtes et cérémonies

On entend parfois un gamelan (orchestre traditionnel) retentir et on voit la circulation s'arrêter. Passe alors une foule élégamment vêtue, portant des pyramides de fruits et des parasols, ainsi qu'un Barong (créature mi-lion, mi-chien). Cette procession disparaît aussi vite qu'elle est apparue, laissant derrière elle des pétales d'hibiscus. Il s'en déroule ainsi des dizaines chaque jour à Bali.

MARIO ANDI SUPRIA / SHUTTERSTOCK ©

Offrandes

Quel que soit votre lieu de séjour, vous verrez tous les jours des femmes déposer des offrandes au temple familial, ainsi que dans les hôtels, les boutiques et autres endroits publics. Vous assisterez à des cérémonies, quand tous les villageois revêtent leurs habits de fête et que la police ferme les routes pour une spectaculaire procession de plusieurs centaines de mètres. Elles n'ont rien de touristique. Les spectacles des hôtels font partie des rares événements "mis en scène" pour les touristes, mais reflètent l'accueil balinais traditionnel réservé aux visiteurs.

Célébrations

Nyepi La journée la plus spéciale de l'année est marquée par une inactivité totale – censée convaincre les esprits malins que Bali est inhabitée. La nuit précédente, on brûle d'énormes monstres (*ogoh-ogoh*) en papier mâché. Vous verrez des habitants en fabriquer les semaines précédant la fête. Nyepi se tient en mars ou début avril.

Galungan L'une des fêtes majeures de Bali. Pendant 10 jours, tous les dieux sont censés descendre sur Terre pour célébrer la mort d'un tyran légendaire, Mayadenawa. Les Barong défilent de temple en temple et de village en village (les enfants y sont en nombre), et on en profite pour rendre visite à la famille. La date est fixée en fonction du calendrier *wuku* (ou Pawukon), le calendrier balinais de 210 jours.

Kuningan (photo) Moment culminant du Galungan, les Balinais remercient et saluent les dieux. Vous verrez de grandes cérémonies dans toute l'île – et serez pris dans des bouchons. Laissez votre véhicule sur place et joignez-vous à la fête. Sur les plages, les familles vêtues de blanc viennent se purifier dans l'océan.

Art

Avant l'arrivée massive des touristes, peintures et sculptures étaient réservées à l'ornementation des temples et des sanctuaires, et aux cérémonies. Aujourd'hui, les peintures s'empilent dans les galeries et les ateliers, et les sculptures sur pierre et sur bois foisonnent. S'il existe des pièces de piètre qualité, de nombreuses œuvres sont en revanche très intéressantes.

IMAGEMORE CO. LTD / GETTY IMAGES ©

Peinture

La peinture est la forme artistique balinaise qui a subi le plus les influences occidentales. Les peintures traditionnelles, fidèles représentations du symbolisme religieux et mythologiques, décoraient les temples et les palais. Dans les années 1930, l'idée s'installe de créer en dehors de ces cadres et de vendre ces œuvres. L'éventail de thèmes, de techniques, de styles et de matériaux s'élargit et les premières femmes peintres apparurent.

Artisanat

Bali est une vitrine de l'artisanat indonésien. Les plus belles boutiques de souvenirs vendent des marionnettes et des batiks (photo) de Java, des habits en ikat de Sumba, Sumbawa et Florès, ainsi que des étoffes et des sculptures sur bois de Bali, Lombok et Kalimantan. Le kris (dague traditionnelle), un objet important dans les familles balinaises, est souvent fabriqué à Java.

Musées et galeries

Museum Le Mayeur Demeure et galerie de l'un des peintres les plus influents de Bali. (p. 99)

Agung Rai Museum of Art Excellent musée privé à Ubud. (p. 122)

Museum Puri Lukisan Histoire de l'art balinais. (p. 122)

Pasifika Museum Un grand musée abritant des œuvres de Bali et du Pacifique. (p. 91)

Neka Art Museum Peintures de nombreux artistes locaux. (p. 122)

Museum Negeri Propinsi Bali Principal musée de l'île ; œuvres de diverses époques. (p. 111)

Avec des enfants

Voyager avec des anak-anak (enfants) à Bali est une expérience enrichissante. Les habitants considèrent les enfants comme une partie intégrante de la communauté et chacun se doit d'être responsable envers eux. Les enfants de tous âges apprécieront à la fois l'attention et les nombreuses distractions qui rendront leurs vacances aussi spéciales que celles des adultes.

MATT MUNRO / LONELY PLANET ©

Les Balinais et les enfants

Les Balinais montrent en général beaucoup d'intérêt pour les enfants des étrangers qu'ils croisent. Apprenez à dire leur âge et leur sexe en *bahasa indonesia* – *bulan* veut dire "mois", *tahun* "année", *laki-laki* "garçon" et *perempuan* "fille". Par politesse, posez les mêmes questions à votre interlocuteur, même s'il n'a pas d'enfants avec lui.

Régions

Kuta et Legian Malgré la foule et l'agitation, des complexes hôteliers, des cours de surf et toutes sortes de souvenirs bon marché séduiront les enfants et les ados. (p. 35)

Nusa Dua D'immenses complexes hôteliers avec des animations pour les enfants, une plage protégée par le récif et un trafic modéré. (p. 89)

Sanur Des complexes hôteliers, une plage protégée par le récif, une faible circulation et la proximité de nombreuses activités adaptées aux enfants. (p. 95)

Ubud Il y a beaucoup à voir et à faire (balades, singes, marchés et boutiques). Il sera peut-être plus difficile de distraire les plus jeunes en soirée, quoique les spectacles de danse en enchanteront plus d'un. (p. 114)

Activités nautiques

Kuta Beach Écoles de surf. (p. 37)

Sanur Beach Les enfants s'amuseront dans les vaguelettes. (p. 101)

Batu Bolong Beach C'est ici qu'aiment se retrouver les enfants de tous âges. (p. 65)

Waterbom Park Un immense terrain de jeu aquatique. (p. 42)

Homosexualité

ALEXANDER_H_SCHULZ / GETTY IMAGES ©

Bali figure en bonne place parmi les destinations les plus tolérantes au monde. Cela est en grande partie dû aux croyances et aux attitudes ancrées dans la société balinaise. Hommes et femmes sont acceptés comme ils sont, le machisme est très limité et il est extrêmement impoli de juger les autres.

Voyageurs homosexuels et Balinais

Bali est très appréciée pour sa tolérance. L'île compte une vaste communauté gay et lesbienne dont les membres tiennent des établissements ouverts sans exclusivité. Dans le sud de Bali et à Ubud, les couples gays sont acceptés, mais doivent rester discrets. Il existe un grand nombre de discothèques gays au centre de Seminyak, et aucun lieu de Bali n'est dangereux pour la communauté LGBT.

À Bali (et en Indonésie), les homosexuels doivent, comme les autres touristes, éviter les marques publiques d'affection.

Soirées gays et lesbiennes

Bali Joe Les extravagants spectacles de drag-queens attirent une foule éclectique ; il y a plusieurs clubs similaires à proximité. (p. 57)

À savoir

- En Indonésie, les hommes gays sont appelés "homo" ou "gay" ; les lesbiennes sont désignées par le terme *lesbi*.
- Les travestis et transsexuels indonésiens appelés *waria*, des mots *wanita* (femme) et *pria* (homme), n'hésitent pas à s'afficher.
- **GAYa Nusantara** (www.gayanusantara.or.id) dispose d'un site Web très utile couvrant les problèmes des LGBT à Bali. **Gaya Dewata** (www.gayadewata.com) est l'organisation gay de Bali.

Bali en 4 jours

1er jour

PHOTOGRAPHER253 / SHUTTERSTOCK ©

Commencez votre tour de l'île dans le cœur touristique de Bali. Apprenez à surfer avec **Rip Curl School of Surf** (p. 42), puis rejoignez les lève-tard (et les couche-tard) pour déjeuner à l'extrémité nord de Legian, au **Warung Asia** (p. 42) ou au **Warung Murah** (p. 42). Profitez d'un après-midi sur la plage à **Kuta Beach** (p. 37 ; photo ci-dessus), à **Legian Beach** (p. 37) ou à **Double Six Beach** (p. 40).

Après le coucher du soleil, dînez à l'élégant **Poppies Restaurant** (p. 43) ou au **Fat Chow** (p. 43) avant de démarrer votre soirée (qui pourra se terminer à l'aube). Faites de **Sky Garden Lounge** (p. 46) votre base, tout en visitant les adresses alentour.

2e jour

K ARJANA / SHUTTERSTOCK ©

Dirigez-vous vers l'est, à travers les contreforts verdoyants, jusqu'à Ubud. Prenez un déjeuner sain au **Moksa** (p. 126) ou traditionnel au **Nasi Ayam Kedewatan** (p. 125). Passez un après-midi serein au **Yoga Barn** (p. 125) ou au **Taksu Spa** (p. 125), ou promenez-vous au milieu des **rizières d'Ubud** (p. 116 ; photo ci-dessus).

Assistez à un **spectacle de danse traditionnelle** (p. 132) et observez les gestes précis des danseurs rythmés par le gamelan.

Puis, les gourmets iront au **Locavore** (p. 129) ou dans l'un des nombreux restaurants de Jl Dewi Sita.

3e jour

DOLLY MJ / SHUTTERSTOCK ©

Avec Sanur pour base, commencez par un marché de Denpasar, **Pasar Badung** (p. 113 ; photo ci-dessus) – les produits sont plus frais le matin. Rejoignez les habitants pour un déjeuner sur commande au **Depot Cak Asmo** (p. 112) avant de vous relaxer un moment sur **Sanur Beach** (p. 101).

Extirpez-vous du sable puis gagnez les rizières et les collines verdoyantes par la Sidemen Road. Détendez-vous au **Jamu Wellness** (p. 102) ou achetez des articles de créateurs balinais au **A-Krea** (p. 105).

Savourez un dîner de poissons et fruits de mer grillés au **Char Ming** (p. 104).

4e jour

WIBOWO RUSLI / GETTY IMAGES ©

Le matin, ne ratez pas le **marché au poisson** (p. 75) de Jimbaran, puis rendez-vous au **Pasifika Museum** (p. 91) pour admirer les reliques de Bali et d'autres cultures du Pacifique.

Ensuite, déjeunez au **Single Fin** (p. 86), où vous pourrez déguster un *poke bowl* tout en contemplant la houle permanente sur l'océan depuis ce perchoir sur la falaise.

Rendez-vous au **Pura Luhur Ulu Watu** (p. 80) pour voir le coucher du soleil suivi d'un **spectacle de danse** (p. 87). Puis dînez au **Bumbu Bali** (p. 92).

Les basiques

Pour plus d'informations, voir le *Carnet pratique* (p. 146)

Monnaie
Rupiah (Rp)

Langues
Bahasa indonesia et balinais

Visas
Pas de visa pour un séjour de moins de 30 jours pour les citoyens de l'UE, de Suisse et du Canada.

Argent
DAB courants et change facile. CB acceptées dans les établissements chers.

Téléphones portables
Cartes SIM locales (à partir de 5 000 Rp) en vente partout. Débit 3G et plus.

Heure locale
Heure de l'Indonésie centrale (GMT/UTC + 8 heures).

Pourboires
5 000 Rp ou 10%, voire plus, pour le service, même si les pourboires ne sont pas vraiment d'usage.

Budget quotidien

Moins de 80 $US

Chambre en *guesthouse*/chez l'habitant : moins de 50 $US

Repas et boissons bon marché : moins de 5 $US

Plages : gratuit

De 80 à 250 $US

Chambre d'hôtel de catégorie moyenne : 50-150 $US

Bon dîner et boissons : à partir de 20 $US

Spa : 10-40 $US

Plus de 250 $US

Chambre dans un hôtel/un *resort* luxueux : plus de 150 $US

Soirée dans un lieu chic : plus de 40 $US

Voiture avec chauffeur : 60 $US/jour

Sites Internet

Bali.fr (www.bali.fr/). Le guide officiel de Bali en français.

Bali Discovery (www.balidiscovery.com). Bulletin d'information hebdomadaire en ligne incontournable pour connaître les événements à Bali.

The Beat Bali (thebeatbali.com). Site Internet donnant, deux fois par semaine, un programme détaillé des spectacles et activités culturelles.

Bali Gazette (bali-gazette.com). Site francophone d'actualités très complet.

Ubud Now and Then (ubudnowandthen.com). Informations et attractions à Ubud ainsi qu'un excellent agenda culturel pour tout Bali.

Lonely Planet (www.lonelyplanet.fr). Renseignements et forum des voyageurs.

Arriver à Bali

Aéroport international Ngurah Rai

L'aéroport international Ngurah Rai (bali-airport.com), juste au sud de Kuta, est le seul aéroport de Bali. Il est parfois désigné sous le nom de Denpasar (qui se trouve à 13 km au nord) à l'étranger ou de Bali sur certains sites de réservation en ligne.

L'actuel terminal de l'aéroport de Bali a ouvert en 2013. Malheureusement, son aménagement laisse à désirer, les files d'attente sont longues à l'immigration et aux douanes, et les prix pour se restaurer ou prendre un verre sont exorbitants.

Les compagnies internationales assurent de nombreux vols vers l'Australie et les capitales des pays asiatiques. La piste actuelle est trop petite pour accueillir les vols directs depuis/vers l'Europe.

Comment circuler

Mieux vaut avoir son véhicule, louer les services d'un chauffeur ou se déplacer à moto. Vous serez à même d'explorer des lieux autrement inaccessibles.

Voiture

Louez un petit 4x4 pour moins de 30 $US/jour ou optez pour une voiture avec chauffeur pour 60 $US/jour.

Moto

Comptez 5 $US/jour.

Transports publics

Les *bemo* (minibus) assurent des liaisons très économiques sur des itinéraires fixes, mais sont peu fréquents et difficiles à trouver.

Taxi

Bon marché, mais tenez-vous-en aux taxis Blue Bird pour éviter les escroqueries.

Les régions de Bali

Ubud (p. 114)
Le cœur culturel de Bali est un séduisant mélange de boutiques tendance, de spas et de spectacles traditionnels.

Les rizières d'Ubud

Kerobokan et Canggu (p. 60)
Villas et *guesthouses* de surfeurs au milieu des rizières et tables gastronomiques. Les plages peuvent être calmes ou bien branchées ; les vagues sont plus fortes qu'ailleurs dans le sud de l'île.

Denpasar (p. 108)
La capitale tentaculaire et chaotique de Bali regroupe la majeure partie de la population de l'île. Ne manquez pas les musées et les monuments, ni le shopping et la dynamique scène culinaire.

Seminyak (p. 48)
Des rues bordées de boutiques de créateurs, de magasins en tout genre et d'une foule de bons restaurants. La plage n'est jamais bien loin.

Plages de Kuta et de Legian

Kuta et Legian (p. 34)
Le centre touristique très animé de Bali, les clubs bondés jalonnent la superbe plage où les vendeurs, omniprésents, ne vous lâchent pas.

Pura Luhur Ulu Watu

Ulu Watu (p. 78)
De minuscules plages de sable blanc se cachent dans des criques entourées de falaises. Des cafés en bambou rassemblent les surfeurs et leurs admirateurs.

Jimbaran (p. 72)
Une baie et une plage sans prétention ; découvrez le fameux marché au poisson et profitez des dizaines de petits restaurants de poisson et de fruits de mer au bord de la plage.

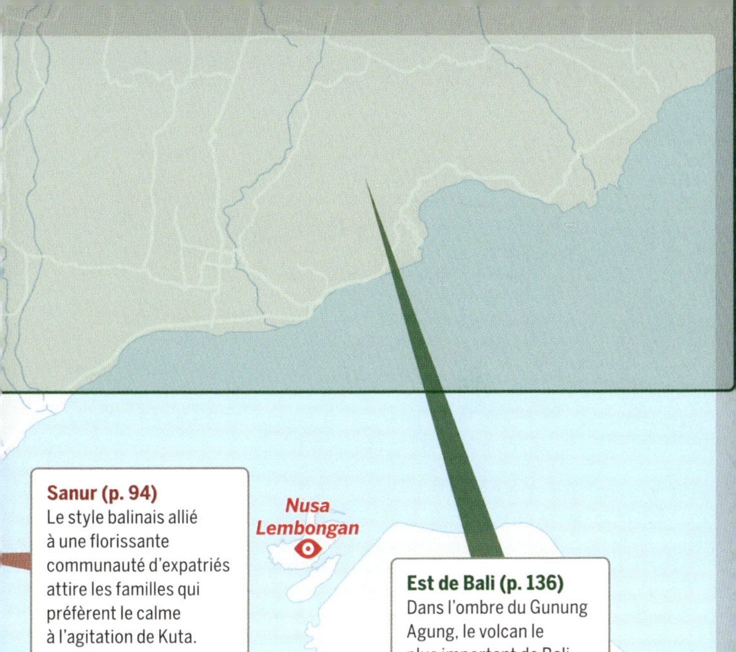

Sanur (p. 94)
Le style balinais allié à une florissante communauté d'expatriés attire les familles qui préfèrent le calme à l'agitation de Kuta.

Est de Bali (p. 136)
Dans l'ombre du Gunung Agung, le volcan le plus important de Bali, profitez des plages de sable noir, des sites historiques et des paysages vert émeraude.

Nusa Dua et Tanjung Benoa (p. 88)
Protégée par un récif, Nusa Dua est une station balnéaire haut de gamme ; Tanjung Benoa, plutôt de catégorie moyenne, est mieux adaptée aux groupes.

Explorer Bali

Promenades à pied

Vaut le détour

Des habitantes apportant des offrandes à un temple, Ubud (p. 114)

Explorer

Kuta et Legian

Bruyante et très animée, la région de Kuta et de Legian est l'épicentre du tourisme de masse à Bali. C'est le premier endroit que la plupart des visiteurs découvrent en arrivant à Bali. Les rues étroites de Kuta sont bordées de cafés bon marché et envahies de vendeurs de T-shirts. Les centres commerciaux flambant neufs et les hôtels de chaîne montrent que son succès n'est pas près de diminuer. Legian attire une clientèle un peu plus âgée. Le commerce y fleurit autant et des hôtels familiaux longent la plage.

Notre sélection

- ***Kuta Beach (p. 37)***. *Passer la journée à surfer ou à bronzer sur la plage où est né le tourisme à Bali.*
- ***Legian Beach (p. 37)***. *Admirer des couchers de soleil légendaires au bord de cette étendue de mer plus paisible.*
- ***Double Six Beach (p. 40)***. *Se dépenser lors d'un match de foot ou de volley improvisé avec des fêtards locaux.*
- ***Bali Sea Turtle Society (p. 40)***. *Remettre à l'océan des bébés tortues grâce à ce couvoir réputé.*

Comment y aller et circuler

Perama est la principale compagnie de navettes touristiques. Kuta est la plaque tournante des bus touristiques Kura-Kura. Pour les bus publics, vous devrez vous rendre à Denpasar.

En cas d'embouteillage, une course à Seminyak peut revenir à 150 000 Rp et durer plus de 30 minutes ; longer la plage à pied est plus rapide.

Plan de Kuta et Legian p. 38

Mémorial (p. 41) CHUA WEE BOO / AGE FOTOSTOCK ©

Les incontournables

Plages de Kuta et de Legian

Kuta est réputée pour ses plages. Le ruban de sable qui s'étire sur plus de 12 km du nord de Tuban jusqu'à Kuta, Legian, Seminyak et Echo Beach, est un haut lieu du surf, des massages, des distractions en tout genre, de la détente et de la fête. Dans le sud de Bali, le crépuscule est un moment de rassemblement. Quand le temps est clément, le ciel devient une féerie magenta irisée qui vaut tous les feux d'artifice.

Kuta Beach

Le tourisme à Bali a commencé à **Kuta Beach** (plan p. 38, C6 ; photo ci-contre) et on comprend aisément pourquoi. Des marchands vendent boissons, bières, en-cas et autres mets, et l'on peut louer des planches de surf, des chaises longues et des parasols (négociables entre 10 000 et 20 000 Rp), ou simplement s'installer sur le sable. Les couchers de soleil sont légendaires.

De Kuta, il est facile de pratiquer le surf, la voile, la plongée ou le rafting n'importe où dans le sud de Bali – ou de passer la journée dans un spa ou un parc d'attractions – et de revenir à temps pour le *happy hour* au coucher du soleil.

Surf

Le *break* de surf appelé Halfway Kuta, non loin de l'Hotel Istana Rama, est le meilleur endroit pour les débutants. Des *breaks* plus difficiles déferlent sur les bancs de sable au large de Legian, vers l'extrémité de Jl Padma, ainsi qu'à Kuta Reef, à 1 km au large de Kuta Reef Beach.

La culture du surf est bien visible à Kuta. Des magasins, petits et grands, vendent du matériel de surf de marque. Des échoppes, dans les petites rues, louent des planches de surf (50 000 Rp/jour, à négocier) et des bodyboards, réparent les planches ("dings") et en vendent des neuves ou d'occasion. Certaines organisent le transport vers des spots voisins. Comptez environ 200 $US pour une planche d'occasion en bon état.

Legian Beach

Au nord de Kuta Beach, **Legian Beach** (plan p. 38, B3), dépourvue de route bruyante et moins fréquentée, est plus paisible. Le village commença à se développer au milieu des années 1970 comme une alternative à Kuta. Aujourd'hui, on a bien du mal à voir où s'arrête une localité et où commence l'autre.

★ À savoir

- Même si la baignade est généralement sans danger le long de cette étendue de sable, les conditions peuvent changer rapidement et les contre-courants sont fréquents. Lorsque vous voyez des drapeaux rouges sur la plage, ne vous aventurez pas dans l'eau.
- Si vous surfez, prenez garde aux fortes vagues, aux courants imprévisibles et aux rochers apparents dans les hauts fonds. Commencez par évaluer les conditions auprès d'autres surfeurs.

✕ Une petite pause ?

- Empruntez la passerelle enjambant la lagune pour rejoindre La Laguna (p. 69) et mettez-vous dans l'ambiance hippie en sirotant un verre.
- Batu Bolong est l'endroit idéal pour un coucher de soleil – admirez la vue en compagnie des surfeurs à l'Old Man's (p. 68).

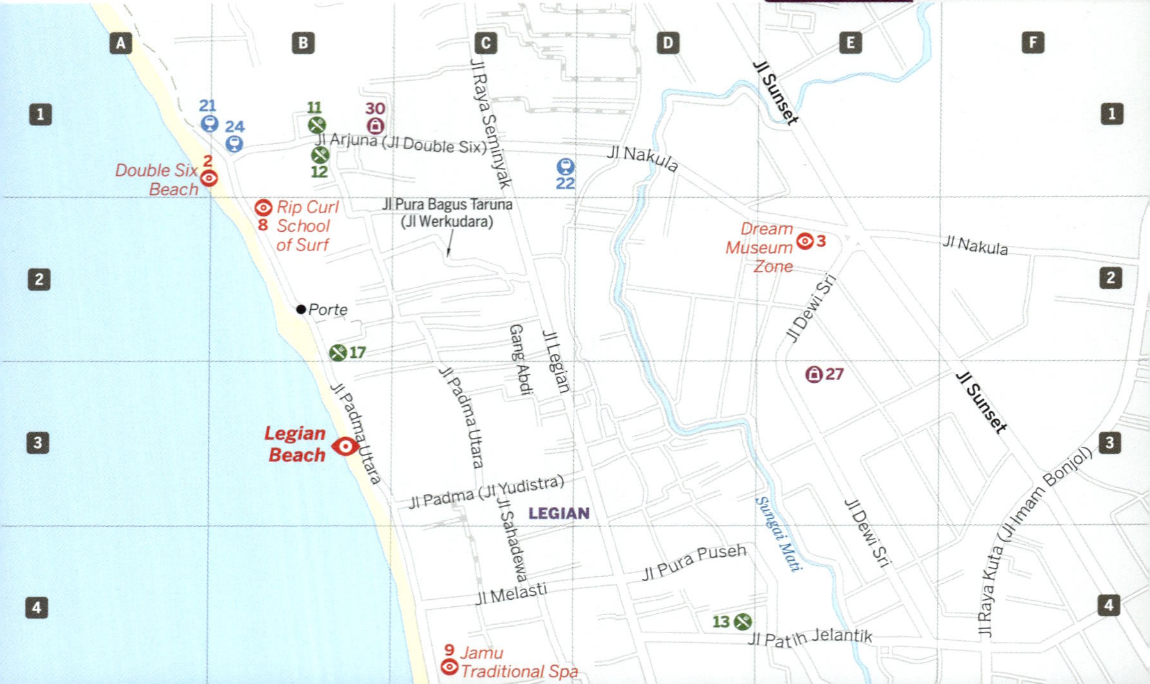
A
B
C
D
E
F
1
2
3
4
21
24
11
30
12
2
Double Six Beach
Jl Arjuna (Jl Double Six)
Jl Raya Seminyak
22
Jl Nakula
Jl Sunset
8 Rip Curl School of Surf
Jl Pura Bagus Taruna (Jl Werkudara)
Dream Museum Zone 3
Jl Nakula
Porte
17
Jl Dewi Sri
27
Gang Abdi
Jl Legian
Jl Padma Utara
Jl Sunset
Legian Beach
Jl Padma Utara
Jl Padma (Jl Yudistra)
LEGIAN
Jl Sahadewa
Sungai Mati
Jl Dewi Sri
Jl Raya Kuta (Jl Imam Bonjol)
Jl Pura Puseh
Jl Melasti
13
Jl Patih Jelantik
9 Jamu Traditional Spa

Nos adresses
Les incontournables p. 36
Voir p. 40
Se restaurer p. 42
Prendre un verre p. 45
Shopping p. 46
0
500 m
Teluk Kuta
Kuta Beach
Bali Sea Turtle Society
Waterbom Park
Mémorial
Pro Surf School
KUTA
Jl Pantai Kuta (Kuta Beach Rd)
Jl Benesari
Jl Lebak Bene (Jl Benesari)
Jl Legian
Poppies Gang II (Jl Batu Bolong)
Gang Bedugul
Gang Sorga
Poppies Gang I
Jl Pantai Kuta
Jl Tengal Wangi
Jl Bakung Sari (Jl Singasari)
Jl Kartika Plaza (Jl Dewi Sartika)
Bemo Corner
Jl Raya Kuta
Jl Blambangan
Jl Majapahit
Jl Imam Bonjol
Jl Ngurah Rai Bypass
Bus Kura-Kura

Voir

Bali Sea Turtle Society

TORTUES

1 PLAN P. 38, C7

La Bali Sea Turtle Society se bat pour la sauvegarde des tortues olivâtres. D'avril à octobre, vers 16h30, ce couvoir à tortues, l'un des plus sérieux de Bali, remet à l'océan des jeunes tortues sur Kuta Beach. En échange d'un petit don, vous recevrez un bac rempli d'eau abritant une tortue et irez avec d'autres volontaires la remettre à l'eau. L'opération est annoncée sur des panneaux.

Renseignez-vous 1 heure avant. (0811-388 2683 ; www.baliseaturtle.org ; site 24h/24, remise en liberté des tortues 16h30 avr-oct)

Double Six Beach

PLAGE

2 PLAN P. 38, A1

La plage est moins bondée à mesure que vous vous éloignez de Legian vers le nord, jusqu'à Double Six Beach, très populaire et animée, avec ses parties improvisées de football et de volley. C'est le lieu idéal pour faire connaissance avec les habitants. Attention : l'eau peut être polluée après de fortes pluies.

Dream Museum Zone

MUSÉE

3 PLAN P. 38, E2

Amusant pour toute la famille, ce musée présente une collection d'environ 120 peintures murales qui prennent vie – ou plutôt peuvent être vues en 3D – une fois photographiées. Il se divise en

Waterbom Park (p. 42)

Fuir l'agitation

Éviter les voitures, les motos, les vendeurs insistants, les chiens et les sentiers douteux... les balades dans la région de Kuta et Legian semblent parfois tout sauf des vacances. Vous aurez vite envie de fuir vers des endroits peu fréquentés. Bonne nouvelle, vous pouvez vous évader sans avoir à quitter la ville. Des zones entières de terrains non bâtis et de quartiers résidentiels se cachent derrière les rues commerçantes.

À Legian, empruntez n'importe quel *gang* (allée) situé entre Jl Legian, Jl Padma, Jl Padma Utara et Jl Pura Bagus Taruna, et vous vous retrouverez vite sur des sentiers qui vous feront passer devant des maisons traditionnelles et quelques *warung* ou des magasins. Vous pourrez alors flâner et apprécier le silence accentué par le bruit des feuilles de palmiers et des oiseaux.

14 salles, consacrées entre autres à l'Indonésie, à Jurassic Park ou à l'Égypte. (☎0361-849 6220 ; dmzbali.com/; Jl Nakula 33X ; tarif plein/- 3 ans 10 $US/ gratuit ; 🕘9h-22h ; 👪)

Pantai Patra Jasa — PLAGE

4 ◉ PLAN P. 38, C8

Bien dissimulé, ce superbe ruban de sable est accessible par une petite route longeant l'enceinte nord de l'aéroport. Ombragé et peu fréquenté, il comprend deux ou trois petits *warung* (stands de nourriture). Une jolie promenade sur la plage vers le nord vous mènera à Kuta Beach.

Mémorial — MONUMENT

5 ◉ PLAN P. 38, D6

Ce mur commémoratif témoigne de la portée internationale des attentats de 2002. De nombreux touristes viennent s'y recueillir. Les noms des 202 victimes, dont 88 Australiens et 35 Indonésiens, sont inscrits sur le mur, qui commence à être un peu défraîchi. De l'autre côté de la rue, il ne reste du Sari Club détruit qu'un parking. (Jl Legian)

Pro Surf School — SURF

6 ◉ PLAN P. 38, C5

Située sur Kuta Beach, cette école réputée fait monter les débutants sur des planches depuis de longues années. Elle propose des cours pour tous niveaux, y compris semi-personnalisés, et loue du matériel et des planches. On y trouve des dortoirs (à partir de 295 000 Rp), une piscine et un café à l'ambiance décontractée. (☎0361-751200, whats app 811 392 0503 ; www.prosurfschool.com ; Jl Pantai Kuta 32 ; cours à partir de 675 000 Rp/jour)

Waterbom Park PARC D'ATTRACTIONS

7 PLAN P. 38, C8

Ce parc aquatique couvre 3,8 ha de jardin paysager. Il est équipé de toboggans (12 en tout dont le "Climax"), de piscines, d'un simulateur de surf dit "FlowRider", d'une rivière artificielle, la "Lazy River", d'un espace de restauration, d'un bar et d'un spa. (0361-755676 ; www.waterbom-bali.com ; Jl Kartika Plaza ; adulte/enfant 535 000/ 385 000 Rp ; 10h-17h ven-dim)

Rip Curl School of Surf SURF

8 PLAN P. 38, B2

C'est la célèbre marque de *beachwear* qui sponsorise cette école de surf assurant des leçons pour tous niveaux dans le sud de l'île, ainsi que des cours adaptés aux enfants. Elle propose aussi du kitesurf, de la planche à voile, de la plongée, du wakeboard et du paddle à Sanur. (0361-735858 ; www.ripcurlschoolofsurf.com ; Jl Arjuna ; cours à partir de 770 000 Rp)

Jamu Traditional Spa SPA

9 PLAN P. 38, C4

Dans le cadre paisible d'un complexe hôtelier, profitez des salles de massage ouvrant sur un joli jardin sur cour. Les traitements sont à base de fruits tropicaux sous forme de bains parfumés. (0361-752520, ext 165 ; www.jamutraditionalspa.com ; Jl Pantai Kuta, Alam Kul Kul ; massage d'1 heure à partir de 450 000 Rp ; 7h-21h)

Se restaurer

Pisgor INDONÉSIEN $

10 PLAN P. 38, C8

Toutes sortes de délices émergent des friteuses de cette boutique exiguë, proche de l'aéroport. Outre les *pisang goreng* (bananes frites), goûtez des mets plus mystérieux, tels les *ote-ote* (gâteaux de légumes). Choisissez un assortiment et relevez le tout de piments crus. (Jl Dewi Sartika 1B ; mets à partir de 2 000 Rp ; 8h-22h)

Warung Murah INDONÉSIEN $

11 PLAN P. 38, B1

Cet authentique *warung* spécialisé dans les produits de la mer propose un bon choix de poisson grillé ; si vous préférez la volaille, le *sate ayam* est délicieux et bon marché. Essayez d'arriver juste avant midi car Murah est pris d'assaut au déjeuner. Ne manquez pas de goûter son *sambal*. (0361-732082 ; Jl Arjuna 99 ; plats 20 000-35 000 Rp ; 8h-23h)

Warung Asia ASIATIQUE $

12 PLAN P. 38, B1

Ce *warung* populaire, dont les serveurs sont très enjoués, propose des classiques indonésiens et des plats thaïs. Clientèle bruyante et alcoolisée la nuit. (www.warungasia.com ; Jl Werkudara 5 ; plats à partir de 36 000 Rp ; horaires variables ;)

Un verre au crépuscule à Kuta et Legian

À Bali, les couchers de soleil sont une explosion de rouges, d'oranges et de violets. À 18h, rien de mieux que de prendre un verre en admirant le spectacle bercé par les vagues. De sympathiques jeunes gens proposent des chaises en plastique sur le sable et des Bintang fraîches et bon marché (20 000 Rp).

À Kuta, allez à l'extrémité sud de la plage où les voitures sont interdites. À Legian, le meilleur point de vue est le ruban de plage qui s'étend du nord de Jl Padma jusqu'à l'extrémité sud de Jl Pantai Arjuna.

Take JAPONAIS $$

13 PLAN P. 38, D4

Sushis et sashimis ultrafrais sont préparés par les cuisiniers derrière le long comptoir. Le restaurant ne cesse de s'agrandir et le chef est un habitué du marché au poisson de Jimbaran. (0361-759745 ; www.take.ramarestaurantsbali.com ; Jl Patih Jelantik ; plats 70 000-300 000 Rp ; 12h-21h ;)

Poppies Restaurant INDONÉSIEN $$

14 PLAN P. 38, D7

Ouvert en 1973, le Poppies fut l'un des premiers restaurants de Kuta (la Poppies Gang a même été baptisée ainsi en son honneur). Il est réputé pour son jardin élégant et son menu raffiné à base de spécialités balinaises, occidentales et thaïes. Le *rijstaffel* (assortiment de plats accompagné de riz) et les fruits de mer sont très appréciés. (0361-751059 ; www.poppiesbali.com ; Poppies Gang I ; plats 50 000-135 000 Rp ; 8h-23h ;)

Fat Chow ASIATIQUE $$

15 PLAN P. 38, C6

Café traditionnel à la façade ouverte, moderne et élégant, doté de tables de pique-nique, de petites tables et de chaises longues. La cuisine est créative, avec de nombreux plats à partager. Salade asiatique croquante, petits pains au porc, crevettes de Tokyo et authentique *pad thaï* (nouilles sautées), entre autres. (0361-753516 ; www.fatchowbali.com ; Poppies Gang II 7C ; plats à partir de 65 000 Rp ; 9h-23h ;)

Mama's German Restaurant ALLEMAND $$

16 PLAN P. 38, D5

Une fois habitué à l'uniforme allemand des serveurs, vous vous croirez presque à Munich, climat excepté. Carte authentiquement allemande, avec un grand choix de saucisses, de rôtis et d'escalopes de porc, fournis par le boucher exclusif du restaurant (mais aussi burgers, nouilles, pizzas, etc.). À accompagner de Bintang à la pression. (☎ 0361-761151 ; www.balimamas.com ; Jl Legian ; plats à partir de 65 000 Rp ; 24h/24)

Mozzarella ITALIEN, PRODUITS DE LA MER $$

17 PLAN P. 38, B2

Le meilleur restaurant du front de mer dans la partie calme de Legian sert une véritable cuisine italienne ainsi que du poisson frais. Service plutôt soigné. Plusieurs espaces extérieurs et une salle abritée. Formidable pour le petit-déjeuner. (☎ 0361-751654 ; www.mozzarella-resto.com ; Jl Padma Utara ; plats 70 000-200 000 Rp ; 8h-23h ; wi-fi)

Balcony INTERNATIONAL $$

18 PLAN P. 38, C5

Cet établissement au décor tropical surplombe l'agitation de Jl Benesari. Abondant menu du petit-déjeuner. Le soir : pâtes, viande grillée et quelques classiques indonésiens. Tout est bien pensé. Idéal pour un dîner en tête à tête. (☎ 0361-750655 ; www.thebalconybali.com ; Jl Benesari 16 ; plats 50 000-170 000 Rp ; 7h-minuit)

Made's Warung INDONÉSIEN $$

19 PLAN P. 38, D7

Le menu indonésien occidentalisé de ce premier *warung* touristique de Kuta a fait école. Les spécialités,

Femmes en habits traditionnels lors d'une fête

Fêtes de temple

À Bali, vous pourrez croiser d'impressionnantes fêtes de temple jusque dans les coins les plus reculés de l'île. Chaque temple (il y en a des milliers) fête son *odalan* ou "anniversaire de temple" une fois par année balinaise, composée de 210 jours, ou tous les 354 à 356 jours du calendrier *saka* (l'un des deux calendriers balinais).

Les *odalan* sont des événements importants et même les temples les plus calmes s'animent pour l'occasion. Les habitants des villages viennent de loin pour y assister et dans le sud de Bali, les employés sont en congé.

La fête, haute en couleur, dure toute la nuit. Il y a de la musique, de la danse, de la nourriture, des jeux. À l'aube, les *pemangku* (prêtres chargés des rituels) mettent fin aux festivités en priant les dieux de retourner au ciel et les participants de prendre le chemin du retour.

Demandez à un habitant si une fête de temple ou un *odalan* est prévu. Y assister est une expérience unique, surtout s'il s'agit d'un temple majeur. Les étrangers peuvent prendre des photos, en veillant à être discrets et vêtus de façon pudique.

comme le *nasi campur* (riz avec accompagnements), sont servies dans la salle ouverte qui rappelle l'époque où les lieux touristiques de Kuta étaient éclairés par des lanternes à gaz. (☎0361-755297 ; www.madeswarung.com ; Jl Pantai Kuta ; plats à partir de 60 000 Rp ; 🕒11h-22h)

Kopi Pot

CAFÉ $$

20 PLAN P. 38, D6

À l'ombre des arbres, le Kopi Pot est très prisé pour ses cafés, ses milk-shakes et sa farandole de desserts. La salle à manger ouverte et le bar, sur plusieurs niveaux, sont à l'écart de la pollution de Jl Legian. (☎0361-752614 ; www.kopipot.com ; Jl Legian 139 ; plats à partir de 46 000 Rp ; 🕒7h-23h ; Wi-Fi)

Prendre un verre

Double-Six Rooftop

BAR

21 PLAN P. 38, A1

Des requins évoluant dans des aquariums, des transats, un emplacement en hauteur sont les atouts de ce bar luxueux de l'hôtel Double-Six orné de torches tiki et évoquant le repaire d'un méchant dans un film de James Bond. Les box circulaires (parfaits pour les groupes) offrent une belle vue sur le coucher de soleil. Y prétendre vous engage à consommer pour au moins 1 000 000 Rp. Les boissons coûtent cher. (☎0361-734300 ; www.doublesixrooftop.com ; Double Six Beach 66 ; 🕐16h-minuit ; 📶)

Jenja

CLUB

22 PLAN P. 38, C1

Discothèque élégante dans le nouvel hôtel TS Suites. Répartis sur plusieurs niveaux, les DJ mixent du disco, du R&B, de la funk et de la soul. Balinais aisés et expatriés font le gros de la clientèle. Cuisine haut de gamme. (☎0361-882 7711 ; www.clubjenja.com ; TS Suites, Jl Nakula 18 ; 🕐22h-4h mer-jeu, 22h-5h ven-sam)

Velvet

BAR

23 PLAN P. 38, C6

La grande terrasse de ce café-bar, situé côté plage du centre commercial de Beachwalk, est imbattable pour admirer le coucher du soleil. C'est un club après 22h du mercredi au dimanche. (☎0361-846 4928 ; Jl Pantai Kuta 24, Beachwalk, niveau 3 ; 🕐11h-tard)

Cocoon

CLUB

24 PLAN P. 38, B1

Club chic agencé autour d'une piscine avec lits de plage, transats et espaces VIP donnant sur la Double Six Beach. Des fêtes et des événements, comme des soirées à thème avec DJ, y ont lieu 24h/24. (☎0361-731266 ; www.cocoon-beach.com ; Jl Arjuna ; 🕐10h-minuit)

Sky Garden Lounge

CLUB

25 PLAN P. 38, D6

Ce palace sur plusieurs niveaux est le club le plus emblématique de Kuta. Son bar sur le toit flirte avec la hauteur autorisée et domine la ville. Allez-y pour les excellents DJ, le café du rez-de-chaussée et les apprentis paparazzis. Avec des offres spéciales toutes les heures et un buffet, le lieu attire globe-trotteurs, adolescents saouls et habitants. (Jl Legian 61 ; à partir de 99 000 Rp ; 🕐17h-4h)

Bounty

CLUB

26 PLAN P. 38, D6

Cette vaste discothèque en plein air est installée sur un faux voilier au milieu d'une minigalerie marchande de nourriture et de boissons. Rythmes hip-hop, techno, house, soirées mousse, go-go danseurs, spectacles de drag-queens et shots d'alcool bon marché. (bountydiscotheque.com ; Jl Legian; 🕐22h-3h)

Shopping

Luke Studer

ARTICLES DE SPORT

27 PLAN P. 38, E3

Le légendaire *shaper* Luke Studer travaille dans cette vaste et luxueuse boutique. À vous *shortboard*, *retro fish*, *single fin* ou *longboard* ! (☎0361-

Où faire la fête

Les clubs les plus célèbres de Bali sont regroupés dans un rayon d'environ 300 m autour du Sky Garden Lounge. La distinction entre bar et club est ici très floue, les établissements passant de l'un à l'autre au fil de la nuit (ou au petit jour). L'entrée y est gratuite, et des prix spéciaux et autres happy hour y sont proposés jusqu'après minuit. Les initiés suivent les offres promotionnelles de club en club. Il y a aussi des bons de réduction pour les boissons.

Ces bars et clubs vont des repaires de surfeurs décontractés aux discothèques conceptuelles avec longue carte de boissons et hordes de serveurs à l'affût. La prostitution s'est développée dans certains clubs de Kuta.

894 7425 ; lukestudersurfboard.com ; Jl Dewi Sri 7A ; 9h-20h lun-sam, 10h-19h dim)

Joger

CADEAUX ET SOUVENIRS

28 PLAN P. 38, E8

Cette boutique est la plus populaire du sud du pays. On y vient pour acheter l'un des milliers de T-shirts ornés d'inscriptions, ironiques ou incongrues (presque tous sont des éditions limitées). L'enseigne indique "Pabrik Kata-Kata", c'est-à-dire "la fabrique des mots". Attention : c'est la folie à l'intérieur du magasin, très exigu. (0361-752523 ; www.jogerjelek.com ; Jl Raya Kuta ; 10h-17h)

Surfer Girl

VÊTEMENTS

29 PLAN P. 38, E6

Très connu ici, ce vaste magasin s'adresse aux filles de tous âges. (0361-757779 ; www.surfer-girl.com ; Jl Legian 138 ; 11h-20h)

Sriwijaya Batik

TISSUS

30 PLAN P. 38, B1

Batik et autres tissus à la demande. Superbe. (0878-6150 0510 ; Jl Arjuna 19 ; 9h-18h)

Explorer

Seminyak

Dynamique, Seminyak abrite une multitude de boutiques et de galeries de créateurs, et quantité de restaurants et de discothèques. Des hôtels de classe internationale bordent la plage, et quelle plage ! Aussi vaste et sablonneuse qu'à Kuta, elle a l'avantage d'être aussi moins fréquentée. Du point de vue de l'élégance, la ville semble être sur une île différente. On pourrait aisément y passer toutes ses vacances.

Notre sélection

- ***Seminyak Beach (p. 52)**. Siroter un cocktail glacé devant un coucher de soleil.*
- ***La Favela (p. 56)**. Danser de salle en salle dans ce bar de nuit à thème.*
- ***BIASA ArtSpace (p. 52)**. Admirer les œuvres d'artistes émergents indonésiens.*
- ***Pura Petitenget (p. 52)**. Assister à une cérémonie anniversaire dans ce temple majeur en bord de mer.*

Comment y aller et circuler

Les bus touristiques Kura-Kura relient Seminyak à Umalas au nord et à Kuta au sud, mais ils sont peu fréquents.

Vous n'aurez aucun mal à héler un taxi équipé d'un compteur. Une course dans un taxi d'une compagnie de l'aéroport coûte environ 250 000 Rp depuis l'aéroport. Blue Bird est la compagnie la plus fiable.

Plan de Seminyak p. 50

Bar de plage typique GABI LUKA / SHUTTERSTOCK ©

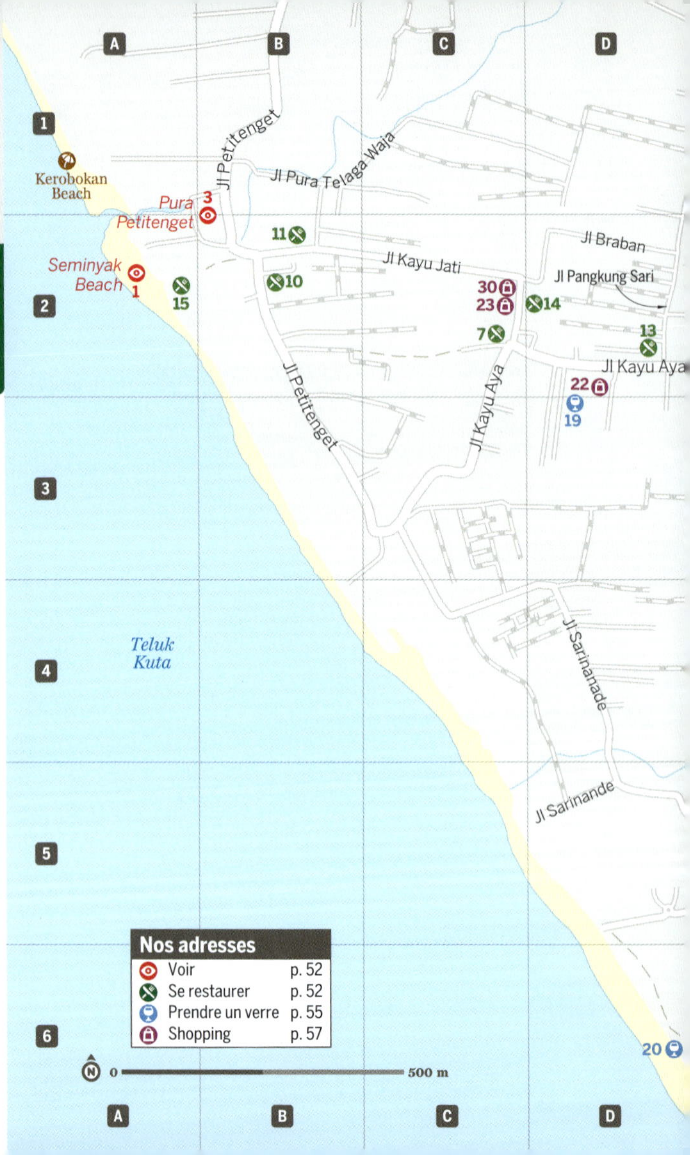

A
B
C
D
1
2
3
4
5
6
Kerobokan Beach
Pura Petitenget 3
Seminyak Beach 1
Jl Petitenget
Jl Pura Telaga Waja
Jl Kayu Jati
Jl Braban
Jl Pangkung Sari
Jl Kayu Aya
Jl Sarinanade
Jl Sarinande
Teluk Kuta
11
10
15
30
23
14
7
13
22
19
20
Nos adresses
Voir p. 52
Se restaurer p. 52
Prendre un verre p. 55
Shopping p. 57
N
0
500 m

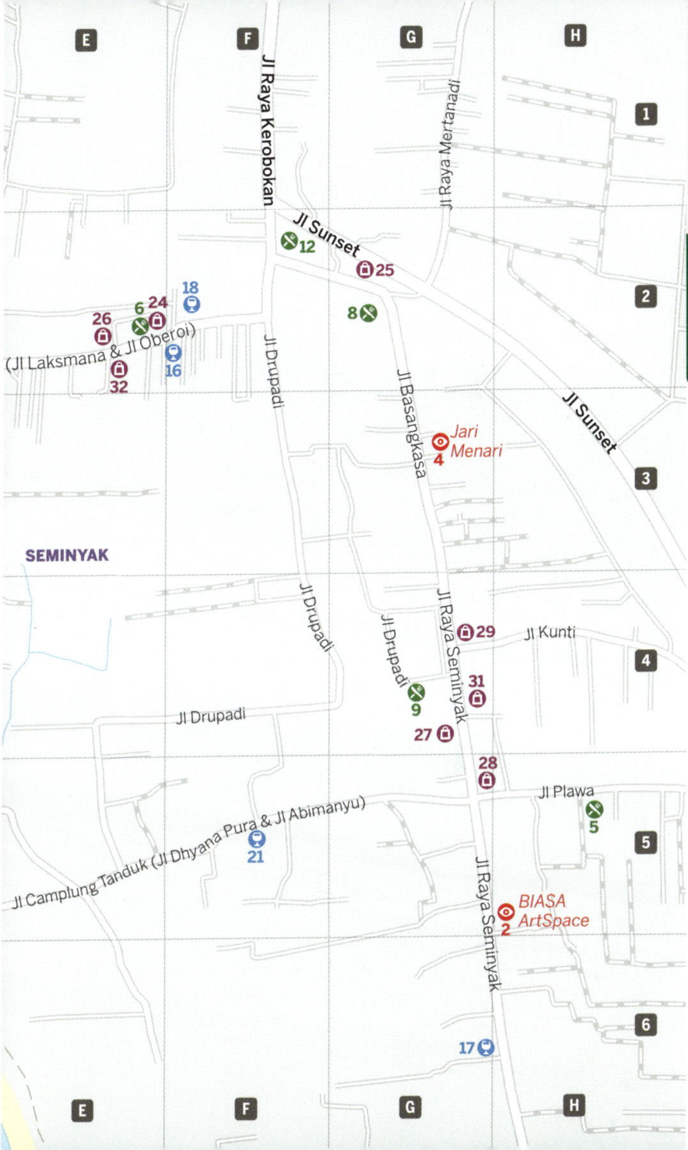
E
F
G
H
1
2
3
4
5
6
Jl Raya Kerobokan
Jl Raya Mertanadi
Jl Sunset
12
25
8
18
6
24
26
(Jl Laksmana & Jl Oberoi)
16
32
Jl Drupadi
Jl Basangkasa
Jari Menari
4
Jl Sunset
SEMINYAK
Jl Drupadi
Jl Drupadi
Jl Raya Seminyak
29
Jl Kunti
31
9
27
Jl Drupadi
28
Jl Plawa
5
Jl Camplung Tanduk (Jl Dhyana Pura & Jl Abimanyu)
21
BIASA ArtSpace
2
Jl Raya Seminyak
17
E
F
G
H

Voir

Seminyak Beach

PLAGE

1 PLAN P. 50, A2

Cette très belle plage près du Pura Petitenget a tendance à être moins bondée qu'à Kuta, plus au sud.

BIASA ArtSpace

GALERIE

2 PLAN P. 50, H5

Fondée en 2005, la galerie BIASA ArtSpace présente des œuvres d'artistes émergents indonésiens et internationaux. Le programme des expositions temporaires est varié, de la peinture à la photographie en passant par la sculpture et l'installation artistique. À l'étage se trouvent une petite bibliothèque et un atelier de restauration. (☎ 0361-730308 ; www.biasagroup.com ; Jl Raya Seminyak 34 ; entrée libre ; 🕐 10h30-18h30)

Séjours de surf pour femmes

Surf Goddess (☎ 0858 633 8845 ; www.surfgoddessretreats.com ; forfait avec chambre à partir de 2 699 $US/semaine) organise des vacances de surf réservées aux femmes avec cours de surf et de yoga, repas et hébergement dans une *guesthouse* chic des petites rues de Seminyak.

Pura Petitenget

TEMPLE HINDOU

3 PLAN P. 50, B2

Ce temple majeur, juste à côté du Pura Masceti, est réputé pour ses célébrations, dont les dates sont fixées selon le calendrier balinais à 210 jours. Il fait partie de la série de temples au bord de l'eau qui s'étend de la péninsule de Bukit jusqu'à Tanah Lot, dans l'ouest de Bali. Un coffret secret ("Petitenget") y aurait été oublié par Nirartha, célèbre prêtre du XVIe siècle qui visita souvent ce lieu. (Jl Petitenget)

Jari Menari

SPA

4 PLAN P. 50, G3

Fidèle à son nom ("doigts dansants"), le Jari Menari fait de votre corps une piste de danse. Le personnel, uniquement masculin, utilise des techniques de massage axées sur le rythme. Également cours de massage (à partir de 170 $US). (☎ 0361-736740 ; www.jarimenari.com ; Jl Raya Basangkasa 47 ; séances à partir de 395 000 Rp ; 🕐 9h-19h)

Se restaurer

Warung Taman Bambu

BALINAIS $

5 PLAN P. 50, H5

Ce *warung* peut sembler tout ce qu'il y a de plus classique vu de l'extérieur, mais il est un cran au-dessus de la moyenne, à l'image de ses nombreux plats, frais et épicés. Petit stand de *babi guling* (cochon de lait cuit à la broche) juste à côté. (0361-888 1567 ; Jl Plawa 10 ; plats à partir de 28 000 Rp ; 9h-22h ;)

Warung Aneka Rasa INDONÉSIEN $

6 PLAN P. 50, E2

Au cœur du quartier des commerces huppés de Seminyak, cet humble *warung* propose tous les classiques indonésiens dans un café ouvert sur l'avant, à l'écart de l'agitation. (0812 361 7937 ; Jl Kayu Aya ; plats à partir de 25 000 Rp ; 8h-19h lun-sam)

Bali Bakery CAFÉ $$

7 PLAN P. 50, C2

Ses tables ombragées et sa belle carte de pâtisseries, de salades, et de sandwichs en font l'endroit le plus agréable de Seminyak Square, une galerie marchande branchée. (0361-738033 ; www.balibakery.com ; Jl Kayu Jati 1, Seminyak Sq ; plats 40 000-70 000 Rp ; 7h30-22h30 ;)

Warung Ibu Made INDONÉSIEN $

8 PLAN P. 50, G2

Ici, les woks grésillent du lever au coucher du soleil dans un brouhaha continu, à l'angle de la très passante Jl Raya Seminyak. (Jl Basangkasa ; plats à partir de 15 000 Rp ; 7h-19h)

Shelter Cafe AUSTRALIEN $$

9 PLAN P. 50, G4

Au deuxième étage, ce café voit défiler chaque jour une jeune clientèle venue prendre un café fort et un *açai bowl* bien rempli (préparé par le Nalu Bowls, ci-dessous, le bar au rez-de-chaussée). Avec son menu généreux de plats sains, c'est l'endroit idéal pour un brunch. Également événements culturels, boutiques de mode éphémères et fêtes le week-end. (0813 3770 6471 ; www.sheltercafebali.com ; Jl Drupadi I 2b ; plats 60 000-95 000 Rp ; 7h30-18h ;)

Nalu Bowls AÇAI BOWLS $$

Inspirée par la culture hawaïenne et les ingrédients tropicaux, cette chaîne de cafés spécialisés dans les *açai bowls* connaît un grand succès à Bali. L'adresse phare de Seminyak occupe un petit bar au rez-de-chaussée du Shelter Cafe (ci-dessus), mais la queue pour les bols de fruits frais et de smoothie parsemés de granola maison et de bananes s'étend parfois jusque dans la rue. (0812 3660 9776 ; www.sheltercafebali.com ; Jl Drupadi I 2b ; 60 000-95 000 Rp ; 7h30-18h)

Sea Circus INTERNATIONAL $$

10 PLAN P. 50, B2

Ornée de peintures murales sur le thème du cirque, cette adresse propose des plats frais et délicieux d'inspiration asiatique, australienne et américaine. Le brunch est très prisé et inclut des classiques comme les *açai bowls*, les œufs brouillés au piment ou encore les "*hangover happy meals*" ; les cocktails, les tacos et les spécialités du soir, comme

Les méandres de Seminyak

Le cœur de Seminyak se trouve le long de Jl Kayu Aya (ou Jl Oberoi/Jl Laksmana), une artère tortueuse. Depuis la très animée Jl Basangkasa, elle part en direction de la plage, puis bifurque vers le nord à travers une partie de Seminyak en suivant Jl Petitenget. Quand elle tourne dans Seminyak et entre dans Kerobokan, Jl Kayu Aya est bordée d'une profusion de restaurants, de boutiques haut de gamme et d'hôtels. Les trottoirs récemment ajoutés ont beaucoup facilité le lèche-vitrines et la fréquentation des cafés ; mais désormais, les conducteurs sont bloqués dans le trafic.

le *poke bowl* au thon, sont aussi excellents. (0361-738667 ; www.seacircus-bali.com ; 22 Jl Kayu Aya ; plats à partir de 80 000 Rp ; 7h30-22h ;)

Motel Mexicola MEXICAIN $$

11 PLAN P. 50, B2

Loin de la *taqueria* habituelle, le Motel Mexicola est une extravagance qui ressemble à une boîte de nuit, version tropicale. Ce grand espace est décoré de néons et de palmiers kitsch. La cuisine (tacos de tortilla de maïs garnis de tempura de crevettes ou de lanières de porc et plats de viande) compte moins que la boisson. Les cocktails sont délicieux. (0361-736688 ; www.motelmexicola.info ; Jl Kayu Jati 9 ; plats à partir de 35 000 Rp ; 11h-1h)

Mama San FUSION $$

12 PLAN P. 50, F2

Cet entrepôt élégant sur plusieurs niveaux aux murs en brique ornés de photographies est le restaurant le plus populaire de Seminyak. Le menu privilégie les plats créatifs de l'Asie du Sud-Est. Longue carte des cocktails avec boissons aux accents tropicaux. Fait également à emporter. (0818-0612-6700 ; www.mamasanbali.com ; Jl Raya Kerobokan 135 ; plats 90 000-360 000 Rp ; 12h-21h ;)

Ginger Moon ASIATIQUE $$

13 PLAN P. 50, D2

L'Australien Dean Keddell est l'un des nombreux chefs à avoir succombé au charme de Bali. Son restaurant est spacieux et charmant, avec son décor en bois sculpté et ses palmiers. Au menu, un florilège de spécialités qu'il est possible de partager. La pizza au chou-fleur et le curry au poulet sont divins. Bon menu enfant également. (0361-734533 ; www.gingermoonbali.com ; Jl Kayu Aya 7 ; plats 65 000-195 000 Rp ; 12h-23h ;)

Sisterfields CAFÉ $$

14 PLAN P. 50, D2

Tendance, le Sisterfields propose les traditionnels petits-déjeuners australiens (avocat écrasé) et des plats plus inventifs : saumon Bénédicte et salade de citrouille rôtie à l'érable. Quelques classiques branchés aussi : rouleaux de porc effiloché et chakchouka aux œufs pochés. Prenez place dans un box, au comptoir ou dans la cour arrière. Il y a quelques autres bons cafés à proximité. (0811-3860-507 ; Jl Kayu Cendana 7 ; plats 85 000-140 000 Rp ; 8h-22h ;)

La Lucciola

FUSION $$$

15 PLAN P. 50, A2

Restaurant chic en bordure de plage, avec tables à l'étage d'où admirer le sable et les vagues. Les amateurs de couchers de soleil apprécient le bar et restent souvent dîner. Menu créatif de cuisine internationale, aux accents italiens. (0361-730838 ; Jl Petitenget ; plats 120 000-400 000 Rp ; 9h-23h)

Prendre un verre

La Favela

BAR

16 PLAN P. 50, F2

Une entrée charmante et mystérieuse mène dans l'univers bohème de l'une des boîtes de nuit les plus décontractées et les plus originales de Bali. Les salles à thème sont déconcertantes : bar de luxe mal éclairé rappelant la Prohibition, salles à l'ancienne ou bars aux murs couverts de graffitis. Après 23h, on ôte les tables pour laisser place aux danses et aux DJ.

Mama San

On apprécie aussi son restaurant dans le jardin, avec une carte d'inspiration méditerranéenne. (☎0818-0210-0010 ; www.lafavelabali.com ; Jl Kayu Aya 177X ; ⌚17h-3h ; 📶)

Ryoshi Seminyak House of Jazz

BAR

17 PLAN P. 50, G6

Sous son toit de chaume, ce bar d'une chaîne balinaise de restaurants japonais accueille trois fois par semaine sur sa petite scène de talentueux jazzmen locaux ou de passage. (☎0361-731152 ; www.ryoshibali.com ; Jl Raya Seminyak 17 ; ⌚12h-minuit, musique à partir de 21h lun, mer et ven)

Red Carpet Champagne Bar

BAR

18 PLAN P. 50, F2

Dans le quartier de la mode, ce bar glamour propose plus de 200 types de champagne. Foulez le tapis rouge et buvez une flûte en savourant des huîtres. L'établissement ouvre sur la rue (en surplomb). (☎0361-934-2794 ; www.redcarpetchampagnebar.com ; Jl Kayu Aya 42 ; ⌚12h-minuit)

Revolver

CAFÉ

19 PLAN P. 50, D3

Il faut s'engager dans un minuscule *gang* et pousser d'étroites portes en bois pour pénétrer dans ce

La Plancha

JARRETERA / SHUTTERSTOCK ©

café exigu servant un excellent choix de boissons. La salle au style rétro rappelant un saloon ne compte que quelques tables. Prenez place et savourez le matin ou à midi des mets délicieux et frais. (☎ 0812 384 28343 ; www.revolverespresso.com ; ruelle dans Jl Kayu Aya, Gang 51 ; café 28 000-55 000 Rp, plats à partir de 55 000 Rp ; ⏰ 7h-18h lun-sam, 12h-minuit dim ; 📶)

La Plancha

BAR

20 PLAN P. 50, D6

C'est le plus grand bar de plage au sud de Jl Camplung Tanduk, avec bien sûr des parasols aux couleurs vives et des fauteuils-poires sur le sable, sans oublier un menu typique de ce genre d'endroit (pizzas, nouilles, etc.). Dès la tombée de la nuit, il accueille des soirées avec DJ. (☎ 0878 6141 6310 ; www.laplancha-bali.com ; accessible depuis Jl Camplung Tanduk ; ⏰ 13h-22h)

Bali Joe

GAY ET LESBIEN

21 PLAN P. 50, F5

L'un des nombreux clubs LGBT de la rue. Drag-queens et go-go danseurs s'y déchaînent tous les soirs. (☎ 0361-300 3499 ; www.balijoebar.com ; Jl Camplung Tanduk 8 ; ⏰ 20h-3h ; 📶)

Coucher du soleil à Seminyak

Une fois arrivé sur la plage au bout de Jl Camplung Tanduk, vous pourrez tourner à gauche et faire une virée dans les bars de plage (modestes ou luxueux). En bifurquant à droite, vous irez du côté des clubs branchés, comme le Ku De Ta, ou vers de sympathiques vendeurs de bière proposant des chaises en plastique et grattant parfois la guitare.

Shopping

Drifter Surf Shop

MODE ET ACCESSOIRES

22 PLAN P. 50, D2

Vêtements de surf haut de gamme, planches, équipements, livres et marques telles qu'Obey et Wegener. Ouverte par deux surfeurs, la boutique propose des articles originaux et de bonne qualité. Également, un petit café-bar et un patio. (☎ 0361-733274 ; www.driftersurf.com ; Jl Kayu Aya 50 ; ⏰ 9h-23h)

Seminyak Village

CENTRE COMMERCIAL

23 PLAN P. 50, C2

Bâti à l'endroit où se trouvaient jadis des rizières, ce centre commercial climatisé mérite des louanges. En retrait par

Shopping à Seminyak

Il y a de tout à Seminyak : des boutiques de créateurs (l'industrie balinaise de la mode est prospère), des magasins rétro chics, d'élégantes galeries, des grossistes et des ateliers familiaux de conception.

Pour trouver ce qu'il y a de mieux, partez du supermarché Bintang dans Jl Raya Seminyak et remontez vers le nord dans Jl Basangkasa. Les commerces de détail foisonnent dans Jl Kayu Aya et Jl Kayu Jati, ainsi qu'au nord dans Jl Raya Kerobokan jusqu'à Kerobokan. Attention aux trous dans les trottoirs !

rapport à la rue, ses boutiques réparties sur trois niveaux font la part belle aux créateurs balinais, comme Lily Jean (p. 59). Les chariots permettant aux étoiles montantes d'exposer leurs créations sont une belle idée. (0361-738097 ; www.seminyakvillage.com ; Jl Kayu Jati 8 ; 11h-19h ;)

Thaikila

VÊTEMENTS

24 PLAN P. 50, E2

"Le bikini dont rêvent toutes les femmes", annonce cette marque locale. Le maillot de bain est de conception française mais de fabrication balinaise. Si vous avez besoin d'une tenue élégante pour la plage, cette boutique est faite pour vous ! (0361-731130 ; www.thaikila.com ; Jl Kayu Aya ; 9h-21h)

Souq

ARTICLES DE MAISON

25 PLAN P. 50, G2

Luxueux magasin d'articles de maison et de vêtements de conception balinaise, point de rencontre du Moyen-Orient et de l'Asie. À l'intérieur, un petit café où prendre petit-déjeuner équilibré, déjeuner, bon café et jus pressés à froid. (0822 3780 1817 ; www.souqstore.co ; Jl Basangkasa 10 ; 7h30-18h lun-sam, 9h-18h dim)

Uma & Leopold

VÊTEMENTS

26 PLAN P. 50, E2

Vêtements de luxe et petites tenues, dessinés par un couple français installé à Bali. (0812-3854-9320 ; www.umaandleopold.com ; Jl Kayu Aya 77X ; 10h-18h)

Lily Jean

VÊTEMENTS

Dans Seminyak Village (voir 23 plan p. 50, C2), cette boutique de créateur mêle les motifs balinais aux dernières tendances. Les vêtements sont pour la plupart faits à Bali. (0361 474 1926 ; www.lily-jean.com ; Jl Kayu Jati 8, Seminyak Village, 1er ét. ; 10h-19h)

Theatre Art Gallery ARTISANAT

27 PLAN P. 50, G4

Cette boutique est spécialisée dans les modèles anciens et les reproductions de marionnettes *wayang* du théâtre traditionnel balinais. (0361-732782 ; Jl Raya Seminyak 73J ; 9h-22h)

Domicil ARTICLES POUR LA MAISON

28 PLAN P50, G5

Cette boutique élégante vend des produits d'inspiration coloniale. (0818 0569 8417 ; www.domicil-living.com ; Jl Raya Seminyak 56 ; 9h-22h)

Ashitaba ARTISANAT

29 PLAN P. 50, G4

Les beaux articles en rotin vendus ici sont fabriqués à Tenganan, le village bali-aga de l'est de l'île. Récipients, bols, porte-monnaie et autres (à partir de 50 000 Rp) mettent en valeur le délicat tressage. (0361-737054 ; Jl Raya Basangkasa ; 9h-21h)

White Peacock ARTICLES POUR LA MAISON

30 PLAN P. 50, C2

Craquez pour d'adorables coussins, des tapis, des nappes et autres jolies choses vendues dans cette boutique aux allures de maisonnette. (0361-733238 ; Jl Kayu Jati 1 ; 9h-17h)

Indivie ARTISANAT

31 PLAN P. 50, G4

Les œuvres de jeunes créateurs de Bali sont présentées dans cette très jolie boutique. (0361-730927 ; Jl Raya Seminyak 16, Made's Warung ; 10h-23h)

Bamboo Blonde VÊTEMENTS

32 PLAN P. 50, E2

Cette amusante boutique de créateur (l'une des 11 de l'île) vend des tenues à frous-frous, de sport, sexy ou de soirée, toutes conçues et fabriquées à Bali. (0361-335 0608 ; www.bambooblonde.com ; Jl Kayu Aya 61 ; 10h-19h)

Explorer

Kerobokan et Canggu

Kerobokan, qui prolonge Seminyak au nord, abrite certains des plus beaux restaurants et magasins de Bali et, bien sûr, des plages. Plus un état d'esprit qu'un lieu à proprement parler, Canggu est le nom fourre-tout donné à cette portion de terre truffée de villas entre Kerobokan et Echo Beach. De plus en plus de commerces, notamment des cafés à l'ambiance décontractée, s'y installent.

Notre sélection

- ***Batu Bolong Beach (p. 65)***. *Se mêler aux habitants, expatriés et visiteurs venus passer le temps dans les cafés.*
- ***Echo Beach (p. 65)***. *Surfer sur les vagues de l'un des breaks les plus populaires de Bali.*
- ***Clubs de plage (p. 68)***. *Siroter des cocktails et se gorger de soleil dans des bars décontractés et originaux.*

Comment y aller et circuler

Pour y accéder, vous devrez louer un scooter ou une voiture avec chauffeur.

Les taxis ont généralement le monopole du secteur des plages. Comptez au moins 150 000 Rp pour une course jusqu'à Seminyak.

Plan de Kerobokan et Canggu p. 64

Berawa Beach (p. 63), Canggu WESTEND61 / GETTY IMAGES ©

Promenade à pied

De Batubelig Beach à Pererenan Beach

Au cours de cette superbe balade, vous croiserez des temples, des campements de pêcheurs, des cafés et des établissements de plage. Les vagues puissantes attirent les surfeurs, mais en cas de fortes pluies, certains cours d'eau, surtout ceux situés juste au nord-ouest de Batubelig, deviennent très profonds. Mettez vos affaires dans un sac étanche en prévision d'une éventuelle traversée à gué.

Départ Batubelig Beach

Arrivée Pererenan Beach

Distance 4 km

Durée 1 à 2 heures

❶ Batubelig Beach

La bande de sable se rétrécit dans ce secteur, mais il y a de bons endroits pour prendre un verre, en toute simplicité ou au contraire, dans le luxe. Accessible via Jl Batubelig, c'est un bon point de départ pour longer le croissant de plage direction nord-ouest. Au loin, vous apercevrez les constructions d'Echo Beach.

❷ Passage à gué

Le plus gros obstacle de la promenade se trouve à 500 m du départ. La rivière et la lagune qui s'écoulent dans l'océan ont une profondeur oscillant entre 0 et 1 m (qui augmente après les pluies). Empruntez la passerelle enjambant la lagune pour rejoindre la terrasse de La Laguna (p. 69), un café d'où vous pourrez appeler un taxi.

❸ Berawa Beach

Devenue l'un des lieux branchés de Canggu, cette plage située à 2 km de Seminyak (autre point de départ possible de la promenade) abrite le très chic Finn's Recreation Club (p. 66). Des vendeurs proposent de la bière sur le sable volcanique gris qui s'enfonce brusquement dans l'eau écumante. Aux abords de la plage, la vaste Morabito Art Villa est un complexe hôtelier de luxe à l'architecture spectaculaire.

❹ Prancak Beach

Près de 1 km plus loin, vous devrez traverser un autre cours d'eau (peu profond) situé à proximité du **Pura Dalem Prancak** (Jl Pantai Prancak). Des vendeurs proposent des boissons et louent des planches de surf sur Pantai Prancak ; en regardant derrière vous, vous verrez le ruban de sable s'étirer jusqu'à l'aéroport.

❺ Nelayan Beach

Des bateaux de pêche et des paillotes ponctuent cette plage paisible, d'où il est difficile de rejoindre Canggu.

❻ Batu Bolong Beach

Batu Bolong Beach, parfois appelée Canggu Beach, accueille le vaste ensemble du **Pura Batumejan** (Jl Pantai Batu Bolong) et son éblouissant temple aux airs de pagode. Il y a là des planches de surf à louer, des cafés, tel le légendaire Old Man's (p. 68), et un joyeux mélange de Balinais, d'expatriés et de voyageurs. Des vendeurs de boissons louent aussi transats et parasols.

❼ Echo Beach

À Echo Beach, vous pourrez vous reposer dans l'un des nombreux cafés. Les diverses boutiques vous permettront de remplacer vos vêtements trempés et vous pourrez photographier le célèbre *break* de surf.

❽ Pererenan Beach

Pererenan Beach, autre plage animée de la région, n'est qu'à 300 m à l'ouest d'Echo Beach par la plage et les rochers. Une douzaine de paillotes en bambou proposent de quoi boire et se restaurer.

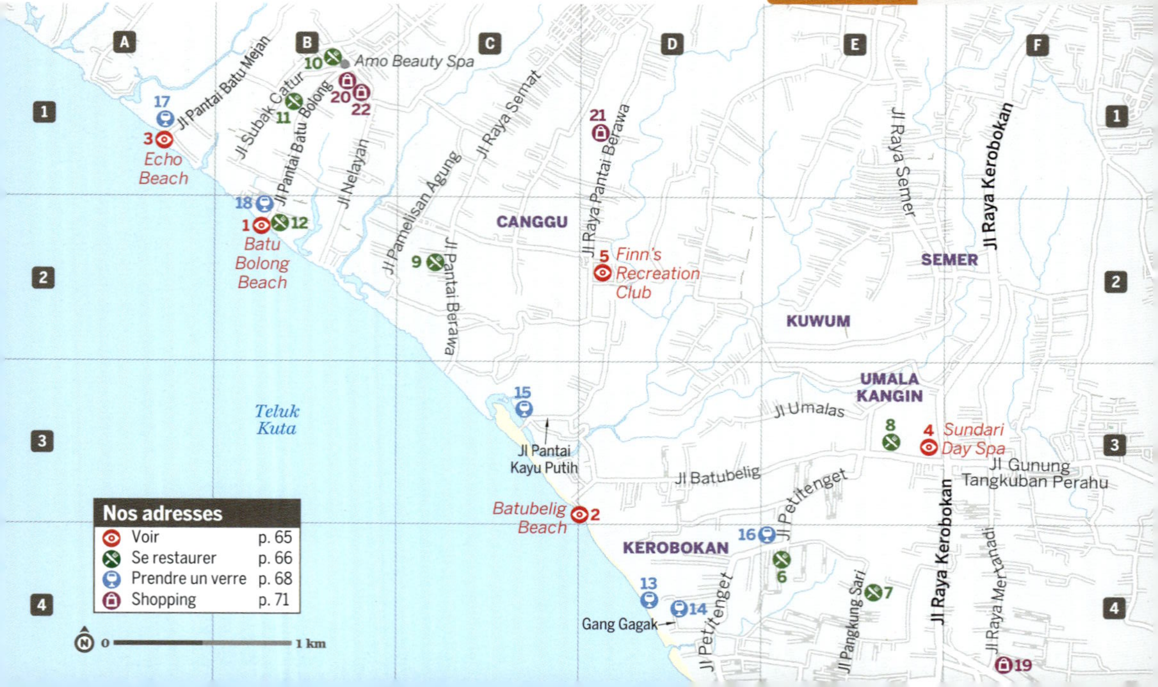
Nos adresses
Voir p. 65
Se restaurer p. 66
Prendre un verre p. 68
Shopping p. 71
0 1 km
A
B
C
D
E
F
1
2
3
4
Echo Beach
Batu Bolong Beach
Teluk Kuta
Batubelig Beach
Finn's Recreation Club
Sundari Day Spa
Amo Beauty Spa
CANGGU
KUWUM
SEMER
UMALA KANGIN
KEROBOKAN
Jl Pantai Batu Mejan
Jl Subak Catur
Jl Pantai Batu Bolong
Jl Nelayan
Jl Pamelisan Agung
Jl Raya Semat
Jl Pantai Berawa
Jl Raya Pantai Berawa
Jl Raya Semer
Jl Raya Kerobokan
Jl Umalas
Jl Batubelig
Jl Petitenget
Jl Pangkung Sari
Jl Raya Mertanadi
Jl Gunung Tangkuban Perahu
Jl Pantai Kayu Putih
Gang Gagak
1 2 3 4 5 6 7 8 9 10 11 12 13 14 15 16 17 18 19 20 21 22

Voir

Batu Bolong Beach

PLAGE

1 PLAN P. 64, B2

La plage de Batu Bolong est la plus prisée du secteur de Canggu. Habitants, expatriés et visiteurs se mêlent dans les cafés, sur les vagues ou sur le sable. Il est possible d'y louer transats et parasols et d'y acheter de la bière. (parking moto/voiture 2 000/5 000 Rp)

Batubelig Beach

PLAGE

2 PLAN P. 64, D3

Cette plage est plus étroite, mais elle abrite de bons endroits où prendre un verre. Facile d'accès via Jl Batubelig, vous marcherez vers le nord-ouest en traversant des plages appréciées des voyageurs, jusqu'à Echo Beach. À environ 500 m au nord, une rivière et un lagon s'écoulent dans l'océan. Il y a parfois 1 m d'eau, voire bien davantage s'il a plu. Si c'est le cas, vous devrez emprunter la petite passerelle au-dessus du lagon pour rejoindre le bar La Laguna (p. 68), d'où vous pourrez appeler un taxi.

Echo Beach

PLAGE

3 PLAN P. 64, A1

Surfeurs et spectateurs affluent pour les gauches qui atteignent les 2 m à marée haute. Le sable grisâtre devant les bâtiments peut alors être recouvert, mais on trouve de larges bandes de sable à l'est et à l'ouest. Batu Bolong Beach est à 500 m. (Pantai Batu Mejan)

Le littoral près d'Echo Beach

Sundari Day Spa
SPA

4 PLAN P. 64, E3

Ce spa très réputé propose des services 5 étoiles à des tarifs avantageux. Les huiles et autres produits sont bio. Carte complète de soins. (0361-735073 ; www.sundari-dayspa.com ; Jl Petitenget 7 ; massages à partir de 250 000 Rp ; 10h-22h)

Finn's Recreation Club
SPORT ET DÉTENTE

5 PLAN P. 64, D2

Les expatriés aiment se retrouver au Finn's Recreation Club. La vaste pelouse est entretenue pour le croquet. On y pratique aussi le tennis, le squash, le polo, le cricket et le bowling, et on peut profiter du spa ou du bassin de 25 m. De nombreuses villas incluent à la location un pass pour cet endroit. Le parc aquatique **Splash Waterpark** est très prisé. (0361-848 3939 ; www.finnsrecclub.com ; Jl Raya Pantai Berawa ; pass journalier adulte/enfant 550 000/270 000 Rp ; 6h-20h)

Se restaurer

Warung Eny
BALINAIS $

6 PLAN P. 64, E4

Dans ce minuscule *warung* à la façade ouverte, caché par des plantes en pot, Eny cuisine tout elle-même. Délicieux produits de la mer, par exemple de grosses crevettes à l'ail. Les ingrédients sont

Old Man's (p. 68)

Amo Beauty Spa

Prisé par les top-modèles asiatiques, l'**Amo Beauty Spa** (plan p. 64, B1 ; 0361-907 1146 ; www.amospa.com ; Jl Pantai Batu Bolong 69 ; massages à partir de 230 000 Rp ; 9h-22h) évoque un studio de *Vogue*. Outre les massages, il offre des soins capillaires, des séances de pédicure et des épilations à la cire unisexes. Réservations obligatoires.

majoritairement bio. Assistez à ses excellents cours de cuisine. (0361-473 6892 ; Jl Petitenget 97 ; plats à partir de 35 000 Rp ; 8h-23h)

Sangsaka

INDONÉSIEN **$$**

7 PLAN P. 64, E4

Situé dans une rue secondaire de Kerobokan, ce restaurant décontracté prépare des versions subtiles de plats provenant de tout l'archipel indonésien. Beaucoup sont cuits sur des grils aux formes diverses, selon l'origine du plat. Le décor de bois ancien est assez classique, quoiqu'un peu plus élégant que la moyenne. Le bar est bon. (0812 3695 9895 ; www.sangsakabali.com ; Jl Pangkung Sari 100 ; plats 150 000-250 000 Rp ; 17h-23h)

Sardine

PRODUITS DE LA MER **$$$**

8 PLAN P. 64, E3

Occupant un beau pavillon de bambou, ce restaurant tout à la fois élégant, intimiste, décontracté et sélect met à l'honneur les produits de la mer du fameux marché de Jimbaran. Les tables en terrasse donnent sur un jardin de tournesols privé agrémenté d'un joli bassin peuplé de carpes koïs. Le bar créatif reste ouvert jusqu'à 1h. Le menu est subordonné aux arrivages du jour. Il est absolument impératif de réserver. (0811 397 8111 ; www.sardinebali.com ; Jl Petitenget 21 ; plats dîner à partir de 200 000 Rp ; déj 11h30-16h, dîner 18h-23h, bar 16h-1h ;)

Creamery & Co

GLACES **$**

9 PLAN P. 64, C2

Cette enseigne aux couleurs vives prépare ses crèmes glacées à la demande à l'aide d'azote liquide. Les sundaes maison sont désarmants de simplicité – imaginez le vôtre si vous vous sentez créatif, ou optez pour un sandwich glacé ou un milk-shake pour quelque chose de plus standard. (0819 9982 5898 ; www.facebook.com/CreameryBali ; Jl Pantai Berawa 99 ; sundaes à partir de 35 000 Rp ; 11h-22h)

Deus Ex Machina

CAFÉ **$$**

10 PLAN P. 64, B1

Ce lieu surréaliste en plein milieu des rizières de Canggu fait à la fois

Prendre un verre à Echo Beach

Il est d'usage de prendre un verre en observant les *breaks* de surf à Echo Beach. À l'ouest des principaux cafés, des bars de plages, plus importants que de simples paillotes, sont apparus. Vous y trouverez bières fraîches et fauteuils-poires.

office de restaurant, café et bar, de boutique de mode, de galerie d'art contemporain, de salle de concerts pour groupes punks locaux (dimanche après-midi), de magasin de motos (faites sur commande) et même de barbier si vous le souhaitez... (Temple of Enthusiasm ; 0811 388 315 ; www.deuscustoms.com ; Jl Batu Mejan 4 ; plats 60 000-170 000 Rp ; 8h-minuit ;)

Mocca CAFÉ $$

11 PLAN P. 64, B1

À l'écart de l'agitation de Jl Batu Bolong, ce joyau de Canggu est à la fois un café charmant et un *concept store* bohème. Entre le jardin du rez-de-chaussée et le patio ouvert à l'étage, tous deux décorés de palmiers en pot et de mobilier en bois recyclé, on y est bien partout. Un service exemplaire et une carte variée et bien fournie donnent envie de s'y attarder. (0812-3865-7373 ; www.facebook.com/themocca ; Gg Nyepi ; plats 60 000-90 000 Rp ; 7h-22h)

Old Man's INTERNATIONAL $$

12 PLAN P. 64, B2

Difficile de choisir où s'asseoir pour déguster une bière dans ce vaste établissement en plein air surplombant Batu Bolong Beach. Le menu s'adresse aux surfeurs et apprentis surfeurs : burgers, pizzas, *fish and chips*, salades. Les soirées du mercredi sont une institution, mais celles du vendredi (concerts de rock and roll) et du dimanche (DJ) sont également intéressantes. (0361-846 9158 ; www.oldmans.net ; Jl Pantai Batu Bolong 117X ; plats à partir de 50 000 Rp ; 7h-minuit)

Prendre un verre

Potato Head CLUB

13 PLAN P. 64, D4

Le club de plage le plus en vue de Bali est aussi l'un des meilleurs. Allez-y à pied par le sable ou suivez Jl Petitenget en voiture pour le découvrir. Les distractions ne manquent pas : belle piscine, restaurants, comme le très chic Kaum ou le restaurant zéro déchet Ijen, pizzeria, transats et pelouses pour rêvasser sous les étoiles. (0361-473 7979 ; www.potatohead.co/seminyak/eat-drink/beach-club ; Jl Petitenget 51B ; 10h-2h ;)

Mrs Sippy CLUB

14 PLAN P. 64, D4

Ce club de plage de style méditerranéen a tout pour plaire :

alcool, DJ internationaux, piscine d'eau salée et trois hauteurs de plongeoirs. Il ne ferme pas tard (les voisins s'y sont opposés), mais il offre les meilleures fêtes en journée et en soirée du sud de Bali. (0361-620 2022 ; www.mrssippybali.com ; Jl Taman Ganesha ; 12h-21h jeu et ven, 10h-21h sam et dim)

La Laguna

BAR À COCKTAILS

15 PLAN P. 64, C3

Cousine de La Favela (p. 56) de Seminyak, La Laguna est l'un des plus beaux bars de Bali avec son décor fait d'ornements mauresques et de minuscules lumières étincelantes. Dans cette ambiance éclectique, installez-vous sur un divan, un canapé, à une table à l'intérieur ou dans le jardin. Les boissons sont bonnes, la cuisine correcte (plats à partir de 80 000 Rp). (0812 3638 2272 ; www.lalagunabali.com ; Jl Pantai Kayu Putih ; 9h-minuit ;)

Mirror

CLUB

16 PLAN P. 64, E4

Ce club est très apprécié des expatriés du sud de Bali. L'intérieur ressemble à une cathédrale, même si les nombreux effets lumineux sont plutôt diaboliques. Électro à plein volume. (0811 399 3010 ; www.mirror.id ; Jl Petitenget 106 ; 23h-4h mer-sam)

La Brisa

INTERNATIONAL

17 PLAN P. 64, A1

Petite dernière dans La Familia branchée de Bali – La Plancha,

Potato Head

La vie en villa

Les villas, éparpillées dans le sud de Bali et à Ubud, font également leur apparition dans l'est de l'île. Souvent au milieu des rizières, elles naissent presque du jour au lendemain. Cette expansion du marché immobilier est controversée pour des raisons à la fois écologiques, esthétiques et économiques. Souvent, les propriétaires s'affranchissent des taxes gouvernementales, d'où la colère de leurs concurrents, les hôtels de luxe, qui les menacent de représailles.

Les grandes villas sont parfois le théâtre de grandes fêtes, notamment dans la région de Canggu. D'autres, plus petites et intimistes, font partie de grands ensembles, comme à Seminyak et Kerobokan, ou d'hôtels de luxe. Abritant un jardin privé et une piscine, une cuisine, des chambres climatisées et un espace en plein air, elles peuvent être louées avec le personnel (cuisinier, chauffeur et agent d'entretien), jouir d'une plage privée et être isolées (ce qui peut aussi bien être un avantage qu'un inconvénient).

Les tarifs vont de 200 $US la nuit environ pour une modeste villa à 2 000 $US la semaine, voire plus, pour un domaine tropical tout à soi. De bonnes affaires sont souvent proposées, notamment en basse saison, et de sublimes propriétés peuvent devenir abordables à plusieurs couples.

Il est possible de profiter des promotions de dernière minute, mais durant la haute saison, les plus belles villas sont réservées longtemps à l'avance. Bali Discovery (p. 148) et Bali Private Villas (p. 148) sont quelques-unes des agences locales recommandées.

La Favela, La Sicilia et La Laguna – La Brisa est nichée sur la plage d'Echo Beach à Canggu. Construit avec du bois récupéré de vieux bateaux de pêche, ce bar-restaurant sur le thème de l'océan est décoré de filets, de cannes à pêche, de coquillages et de bouées anciennes. (☎0811 394 6666 ; www.labrisabali.com ; Jl Pantai Batu Mejan, Gang La Brisa ; ⏰10h-21h ; wifi)

Ji

BAR

18 PLAN P. 64, B2

Ce bar peut facilement être désigné comme le plus beau de Canggu avec ses sculptures en bois de styles chinois et balinais. Admirez la vue depuis la terrasse de l'étage en savourant des cocktails exotiques, du saké et des amuse-bouches japonais. (☎0361-473 1701 ; www.jirestaurantbali.com ; Jl Pantai Batu Bolong, Hotel Tugu Bali ; ⏰14h-22h)

Shopping

Purpa Fine Art Gallery
ART

19 PLAN P. 64, F4

Cette galerie bien établie expose les meilleurs artistes de Bali depuis les années 1930, avec des noms comme Spies, Snell ou Lempad. Elle présente régulièrement des expositions temporaires. (0819 9940 8804 ; www.purpagallerybali.com ; Jl Mertanadi 22B ; 10h-18h lun-sam)

Love Anchor
MARCHÉ

20 PLAN P. 64, B1

Construit dans le style d'un *joglo* traditionnel, ce village de Canggu tout en bois et en palmier est un marché branché. Détendez-vous avec une Bintang, ou attablez-vous autour d'une pizza, d'un burger, d'un smoothie ou encore d'un plat végan, avant de flâner dans les boutiques et les magasins de surf.

Le bazar en plein air du week-end (9h-17h sam-dim) vend de tout : des souvenirs typiques de Bali (sacs en rotin et autres), des articles en cuir élégants et personnalisés ou des bijoux raffinés faits main par des artisans locaux. (0361 9091276 ; www.loveanchorcanggu.com ; Jl Pantai Batu Bolong 56 ; 9h-23h)

It Was All A Dream
MODE ET ACCESSOIRES

21 PLAN P. 64, D1

Cette boutique branchée vend des articles originaux à des prix raisonnables : sacs en cuir d'excellente qualité, lunettes de soleil amusantes, jeans vintage, chandails classiques, caftans brodés, etc. Elle est tenue par un duo de créateurs expatriés franco-américain. (0811 388 3322 ; Jl Pantai Berawa 14 ; 11h-20h lun-sam)

Dylan Board Store
ARTICLES DE SPORT

22 PLAN P. 64, B1

Boutique de planches sur mesure tenue par le célèbre surfeur Dylan Longbottom, qui crée des planches pour débutants et professionnels, et propose ses réalisations. (0819 9982 5654 ; www.dylansurfboards.com ; Jl Pantai Batu Bolong ; 10h-20h).

Explorer

Jimbaran

Teluk Jimbaran (baie de Jimbaran) forme un superbe croissant de sable blanc, baigné par une mer bleue. Ourlée d'un long chapelet de warung (stands de nourriture) de poisson et de fruits de mer, la baie s'achève au sud par un promontoire couvert de buissons où se dresse le Four Seasons Jimbaran Bay.

Malgré sa popularité croissante, Jimbaran est plus calme que Kuta et Seminyak plus au nord (et plus proche de l'aéroport !). Ses marchés sont très divertissants.

Notre sélection

- ***Jimbaran Beach (p. 75)***. *Profiter des vagues plus douces et du grand choix de restaurants sur l'une des plus belles plages de Bali.*
- ***Marché au poisson de Jimbaran (p. 75)***. *Découvrir le marché local et animé où l'on vend à la criée toutes les prises fraîches imaginables.*
- ***Restaurants de poisson et fruits de mer (p. 77)***. *Se régaler de produits de la mer fraîchement grillés au bord de l'eau.*

Comment y aller et circuler

Le soir, un grand nombre de taxis stationnent près des *warung* du bord de mer pour vous ramener (comptez environ 150 000 Rp pour aller à Seminyak sans circulation). Le personnel de certains *warung* vient vous chercher gratuitement si vous les appelez. Demandez un tarif fixe pendant les heures de pointe, de 16h à 20h. Le trafic est incroyablement fluide le dimanche.

Les bus touristiques Kura-Kura relient Jimbaran à Kuta. Il y en a toutes les 2 heures et le trajet coûte 50 000 Rp.

Plan de Jimbaran p. 74

Tegalwangi Beach (p. 75) MICHELE FALZONE / GETTY IMAGES ©

Nos adresses
Voir p. 75
Se restaurer p. 76
Prendre un verre p. 77
Shopping p. 77
0 500 m
A
B
C
D
1
2
3
4
5
6
Marché aux poissons de Jimbaran
2
KEDONGANAN
Jl Pantai Kedonganan
5
Jl Ulu Watu
Warung de produits de la mer (nord)
Jl Pantai Jimbaran
Teluk Jimbaran
Jimbaran Beach
1
Jl Pemelisan Agung
4
Marché du matin
Jl Ulunsiwi
Warung de produits de la mer (centre)
6
8
Jl Ulu Watu
Jl Yoga Perkanti
Jl Ngurah Rai Bypass
JIMBARAN
Warung de produits de la mer (sud)
7
9
Jl Bukit Permai
Jl Ulu Watu
Jl Ulu Watu II
11
3
10

Voir

Jimbaran Beach

PLAGE

1 PLAN P. 74, B3

Cette vaste étendue de sable en forme d'arc qui s'étend sur 4 km fait partie des plus belles plages de Bali, et elle est propre. La baie est protégée par un récif corallien ininterrompu. Les vagues sont moins puissantes qu'à Kuta, au nord, mais certains *breaks* sont propices à la pratique du bodysurf.

Marché au poisson de Jimbaran

MARCHÉ

2 PLAN P. 74, B1

Étape matinale populaire sur la péninsule de Bukit, ce marché est un condensé d'odeurs et de vie. Des bateaux aux couleurs vives se balancent le long du rivage tandis que d'énormes caisses de poisson et de fruits de mer changent de main. Tout va très vite. Achetez vos produits frais ici ou, pour un prix encore plus intéressant, auprès des bateaux de pêche entre 6h et 7h, et faites-les cuisiner par un *warung*. Un vendeur ambulant sert un délicieux jus de canne à sucre pour 10 000 Rp. (Jimbaran Beach ; 8h-21h)

Tegalwangi Beach

PLAGE

3 PLAN P. 74, A6

Entourée par des falaises de calcaire, à 4,5 km au sud-ouest de Jimbaran, Tegalwangi est la première d'une série de criques de sable le long de la côte ouest de la péninsule. Vous trouverez

Jimbaran Beach

un petit parking en face du Pura Segara Tegalwangi, un temple fréquenté par ceux qui souhaitent honorer les dieux de l'océan. Il y a généralement un vendeur de boissons pour vous rafraîchir avant ou après le difficile (mais court) parcours jusqu'à la plage. Au sud, le grand complexe Ayana s'étale à flanc de falaises. De Jimbaran, suivez Jl Bukit Permai sur 3 km jusqu'aux portes de l'Ayana, puis vers l'ouest sur 1,5 km en direction du temple.

Marché du matin MARCHÉ

4 PLAN P. 74, C3

C'est l'un des marchés les plus intéressants de Bali. Assez compact, il permet de voir beaucoup de choses en peu de temps. Les chefs locaux vantent la qualité de ses fruits et légumes. (Jl Ulu Watu ; 6h-12h)

Se restaurer

Jimbaran Bay Seafood PRODUITS DE LA MER $$

5 PLAN P. 74, B1

Faisant partie d'un groupe de *warung* par ailleurs assez ordinaires situés au nord, celui-ci se révèle particulièrement accueillant. On y mange sous un abri, sur la terrasse en béton ou à l'extérieur les pieds dans le sable. (JBS ; 0851-0172 5367 ; www.jimbaranbayseafoods.com ; Jl Pantai Kedonganan ; fruits de mer frais à partir de 20 000 Rp/100 g ; horaires variables)

Warung Ramayana PRODUITS DE LA MER $$

6 PLAN P. 74, B4

Des bateaux de pêche jalonnent la plage qui s'étend devant ce restaurant prisé, ouvert de longue date. Les produits de la mer marinent depuis le matin et les grils fument toute la soirée. La carte affiche des prix fixes qui évitent de marchander. (0361-702859 ; près de Jl Pantai Jimbaran ; plats à partir de 80 000 Rp ; 8h-23h)

Made Bagus Cafe PRODUITS DE LA MER $$

7 PLAN P. 74, B5

Le lieu se trouve à l'extrémité nord des *warung* situés au sud. Le personnel qui s'occupe de quelques tables sur la plage est charmant. Optez pour un plateau de spécialités et demandez plus de sauce. Elle est si bonne ! (0361-701858 ; accessible depuis Jl Bukit Permai ; plats 80 000-200 000 Rp ; 14h-23h)

Warung Bamboo PRODUITS DE LA MER $$

8 PLAN P. 74, B4

Un peu plus attrayant que ses voisins. Choisissez vos poissons et fruits de mer ; l'accompagnement et les sauces sont compris. (0361-702188 ; accessible depuis Jl Pantai Jimbaran ; plats 80 000-200 000 Rp ; 10h-23h)

Les restaurants de Jimbaran

Jimbaran compte trois groupes de restaurants qui, tous les soirs (et souvent à midi), font griller du poisson et des fruits de mer frais, attirant les touristes de tout le sud de l'île. Avec leurs tables et leurs chaises sur le sable, presque au bord de l'eau, ces échoppes sont idéales pour profiter de la brise marine et du coucher du soleil.

Les plateaux de poisson et de fruits de mer, très variés, sont maintenant proposés à prix fixe. Vous n'avez plus à en choisir le contenu et à les payer au poids sur des balances, ce qui suscitait l'hilarité des gens du cru. Si vous préférez les peser, mettez-vous d'accord sur le prix d'abord. En général, comptez moins de 20 $US par personne pour un festin de fruits de mer, des accompagnements et deux bières. Le homard (à partir de 30 $US) fera considérablement grimper la note, sauf si vous l'achetez au préalable au marché au poisson.

Prendre un verre

Jimbaran Beach Club — CAFÉ

9 PLAN P. 74, A6

Au cas où la baie de Jimbaran manquerait de charme, ce bar possède une longue piscine bordant la plage. Dans ce lieu plutôt chic, louez un transat et un parasol, et commandez un *long drink* ou un plat du menu. (0361-709959 ; Jl Bukit Permai Muaya ; tarif minimum 200 000 Rp ; 8h-23h ;)

Rock Bar — BAR

10 PLAN P. 74, A6

Ce bar très connu est perché à 14 m au-dessus de l'océan Indien. Au coucher du soleil, l'attente devant l'ascenseur qui descend au bar peut durer plus d'1 heure. Sacs à dos et maillots de corps interdits. Au menu : des en-cas aux accents méditerranéens. (0361-702222 ; www.ayanaresort.com/rockbarbali ; Jl Karang Mas Sejahtera, Ayana Resort ; 16h-21h lun-jeu, 16h-22h ven-dim ;)

Shopping

Jenggala Keramik Bali Ceramics — CÉRAMIQUES

11 PLAN P. 74, C6

Beaux articles de maison en céramique très prisés des touristes. Également un espace pour observer la production des céramiques et un café. Cours pour adultes et enfants. Les œuvres d'art créées à cette occasion peuvent être récupérées 5 jours après leur passage dans le four. (0361-703311 ; www.jenggala.com ; Jl Ulu Watu II ; 9h-17h)

WELCOME TO
Delpi Rock Lounge
DECK CHAIR For Rent

Explorer

Ulu Watu

Ulu Watu désigne désormais communément la pointe sud-ouest de la péninsule de Bukit. S'y trouvent un temple sacré et le célèbre spot de surf du même nom.

À environ 2 km au nord du temple, des marches descendent une falaise spectaculaire jusqu'à Suluban Beach. Divers cafés et boutiques de surf sont installés sur la paroi presque à pic. La vue est magnifique, tout comme le cadre.

Notre sélection

- ***Pura Luhur Ulu Watu (p. 80)**. Apprécier les sculptures mythologiques élaborées et la vue imprenable de cet important temple en bord de mer.*
- ***Ulu Watu (p. 83)**. Faire du surf sur le break le plus puissant de Bali et le plus légendaire.*
- ***Single Fin (p. 86)**. Regarder le spectacle hypnotique de l'océan en sirotant un cocktail au coucher du soleil.*
- ***Omnia (p. 85)**. Passer la journée à danser au bord de la piscine à débordement dans ce club perché sur une falaise au-dessus de l'océan Indien.*

Comment y aller et circuler

🚗 La meilleure façon de découvrir la région d'Ulu Watu est d'être motorisé. Attention, près de Pecatu Indah, la police contrôle souvent les touristes à moto. Sachez que vous pouvez être verbalisé pour une simple jugulaire mal ajustée.

🚗 Le trajet en taxi depuis Kuta coûte au moins 200 000 Rp et prend plus d'une heure, en raison de la circulation.

Plan d'Ulu Watu p. 82

Bar surplombant Suluban Beach (p. 83) AARON LIM / SHUTTERSTOCK ©

Les incontournables

Pura Luhur Ulu Watu

Ce temple hindou majeur est perché à la pointe sud-ouest de la péninsule, au sommet d'une falaise à pic qui plonge dans les vagues tourbillonnantes. On y accède par une surprenante porte voûtée, flanquée de statues de Ganesh. À l'intérieur, les murs en briques de corail sont recouverts de sculptures d'animaux mythologiques balinais.

PLAN P. 82, B4

près de Jl Ulu Watu

adulte/enfant 30 000/20 000 Rp, parking 2 000 Rp

7h-19h

Seuls les fidèles hindous peuvent pénétrer dans le sanctuaire intérieur, sur la petite saillie de terre. La vue sur l'océan Indien depuis les falaises est magique. Au coucher du soleil, arpentez le sommet de la falaise vers la gauche (au sud) du temple pour vous isoler de la foule.

Le Pura Luhur Ulu Watu fait partie des grands temples dédiés aux esprits de la mer sur la côte sud de Bali. Au XIe siècle, le prêtre javanais Empu Kuturan y établit un sanctuaire. L'ensemble fut complété par Nirartha, un autre prêtre javanais, à l'origine d'autres temples de bord de mer, tels que Tanah Lot, Rambut Siwi et Pura Sakenan. Nirartha se retira à Ulu Watu à la fin de sa vie, lorsqu'il atteignit le *moksha* (libération des désirs terrestres).

Danse *kecak*

Un *kecak* (p. 87) a lieu tous les jours au Pura Luhur Ulu Watu au coucher du soleil. Même si le spectacle est destiné aux touristes, y assister est une expérience fascinante. Le *kecak* tire son origine d'un ancien rituel balinais, le *sanghyang* : des danseurs entrent dans une transe rythmée par un chant hypnotique qui, dans sa forme ancienne, permettait d'entrer en communication avec les dieux et les ancêtres. Dans l'amphithéâtre du temple, un cercle d'hommes torse nu chantent à l'unisson alors que le soleil se couche. La performance se termine par un feu spectaculaire qui retrace un épisode du Ramayana – un résumé est distribué aux spectateurs pour qu'ils ne ratent aucun détail.

★ À savoir

- Les singes du temple sont réputés pour leur penchant cleptomane – chapeaux, bijoux et lunettes sont pour eux des cibles faciles. Si l'un d'entre eux s'enfuit avec vos affaires, vous pourrez généralement le persuader de vous les rendre contre un fruit (ou demander à un Balinais de s'en charger en échange d'un petit pourboire).

Une petite pause ?

- Rendez-vous au Single Fin (p. 86) pour de bons petits plats en admirant la vue sur le plus célèbre *break* de surf de Bali.
- Le club Omnia (p. 85) offre un contraste saisissant avec la sérénité du Pura Luhur Ulu Watu.

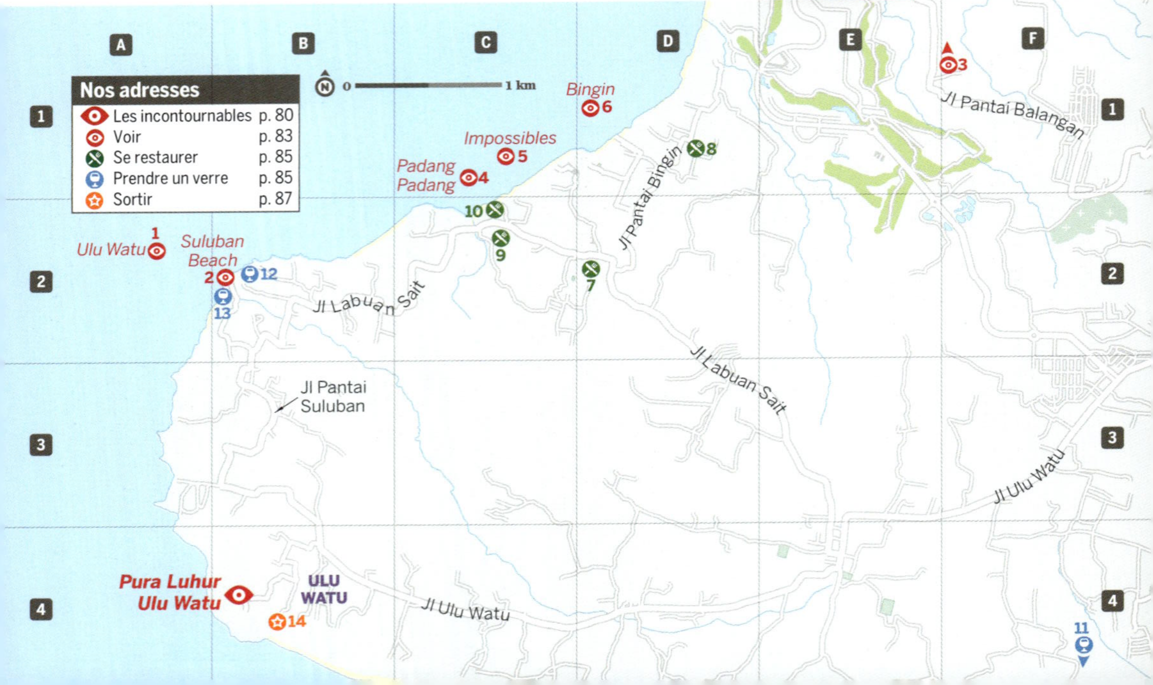
Nos adresses
Les incontournables p. 80
Voir p. 83
Se restaurer p. 85
Prendre un verre p. 85
Sortir p. 87
A
B
C
D
E
F
1
2
3
4
0
1 km
1 Ulu Watu
Suluban Beach 2
12
13
Padang Padang 4
Impossibles 5
Bingin 6
3
7
8
9
10
11
14
Pura Luhur Ulu Watu
ULU WATU
Jl Pantai Balangan
Jl Pantai Bingin
Jl Labuan Sait
Jl Pantai Suluban
Jl Ulu Watu

Voir

Ulu Watu

SURF

1 PLAN P. 82, A2

C'est à Ulu Watu que les vagues sont les plus hautes et les plus puissantes : un lieu fortement déconseillé aux débutants ! Depuis le film *Morning of the Earth (1971)*, les rouleaux de ses vagues attirent les surfeurs du monde entier.

Suluban Beach

PLAGE

2 PLAN P. 82, B2

Attardez-vous sur cette plage au décor spectaculaire, entourée de falaises calcaires et de grottes. Consultez l'horaire des marées avant de vous attaquer à la descente ardue qui y conduit.

Balangan

SURF

3 PLAN P. 82, F1

Au large de la longue bande de sable de Balangan Beach, ce *break* est une rapide gauche sur un récif peu profond, impraticable à marée basse mais agréable à mi-marée (vagues de plus de 1 m).

Padang Padang

SURF

4 PLAN P. 82, C1

Souvent appelé Padang tout court, ce *reef break* gauche peu profond est situé au large d'une plage très populaire, en contrebas d'hébergements sommaires. Faites attention avant de vous lancer à l'assaut des vagues. Le spot ne fonctionne que si les vagues font plus de 2 m à mi-marée ou à marée haute.

Surfeurs à Balangan

Voyager de façon responsable

Pour voyager responsable à Bali, efforcez-vous de laisser le moins de traces possible, en respectant la nature mais aussi la culture de ses habitants.

Surveillez votre consommation d'eau Les besoins en eau dépassent l'approvisionnement, même dans des endroits apparemment verts comme Bali. Demandez au personnel de votre hôtel de ne pas laver draps et serviettes chaque jour. Vous pouvez aussi renoncer à votre piscine privative dans les établissements huppés, ou même à la piscine commune.

Fuyez les bouteilles en plastique Ces bouteilles sont pratiques mais s'accumulent et alourdissent la note écologique. L'eau du robinet n'étant cependant pas sûre, demandez à votre hôtel si vous pouvez remplir votre bouteille à leurs grandes réserves d'eau potable. Des entreprises éclairées proposent déjà ce service.

Soutenez les établissements soucieux d'écologie Le nombre d'entreprises qui adoptent des pratiques respectueuses de l'environnement augmente rapidement.

Économisez l'énergie Éteignez lumière et climatisation quand vous ne les utilisez pas.

Refusez les sacs en plastique Refusez aussi les pailles en plastique.

Laissez les animaux tranquilles Réfléchissez avant d'aller nager avec des dauphins en captivité, de vous balader à dos d'éléphant ou de cautionner des attractions où des animaux sauvages exécutent des numéros devant un public – des experts en bien-être animal ont reconnu ces interactions comme source de souffrance animale. N'essayez pas de caresser, de nourrir ou d'interagir d'une manière quelconque avec des animaux à l'état sauvage : cela perturbe leur comportement naturel et peut les rendre malades.

Impossibles SURF

5 PLAN P. 82, C1

Juste au nord de Padang Padang, ce *reef break* situé au large est ardu. Il forme trois pics changeants, avec des tubes gauches se rejoignant quand les conditions sont idéales.

Bingin SURF

6 PLAN P. 82, D1

Vu la marche nécessaire pour descendre jusqu'à Bingin Beach depuis le parking, on peut comprendre ceux qui hésitent à emporter leur planche. Toutefois les vagues sont excellentes à mi-marée, avec une houle de 2,5 m formant des gauches tubulaires courtes et parfaites.

Se restaurer

Bukit Cafe

AUSTRALIEN $

7 PLAN P. 82, D2

Les plats généreux du Bukit sont à base d'ingrédients frais et locaux. Parmi les spécialités : pancakes véganes, *smoothie bowls* ou encore avocat écrasé. Convivial et en plein air. (0813 3749 8745 ; www.bukitcafe.com ; Jl Labuan Sait ; plats 70 000-190 000 Rp ; 8h-16h ;)

Cashew Tree

CAFÉ $$

8 PLAN P. 82, D1

À Bingin, c'est *le* lieu où aller. Surfeurs et amateurs de plage se rassemblent dans ce vaste jardin pour savourer des plats végétariens. C'est également un bon café pour prendre juste un verre. Tous les jeudis soir, les groupes de musiciens attirent des gens de toute la côte. (0859 5378 9675 ; Jl Pantai Bingin ; plats à partir de 55 000 Rp ; 8h-22h ;)

Mango Tree Cafe

CAFÉ $$

9 PLAN P. 82, C2

Ce café réparti sur deux niveaux affiche un long menu de plats sains. Les sandwichs et les burgers sont savoureux, et leur pain excellent. Les salades, soupes et autres burritos sont tout aussi frais et tentants. Les jus sont bons et la carte de boissons correcte. Prenez une table sous un manguier. La propriétaire, Maria, est charmante. (0878-6246-6763 ; www.themangotreecafe.com ; Jl Labuan Sait 17 ; plats 60 000-105 000 Rp ; 12h-20h jeu-mar)

Om Burger

BURGERS $$

10 PLAN P. 82, C2

Dégustez un délicieux (et énorme) burger en profitant de la vue à l'étage. Le burger au bœuf Wagyu est la spécialité maison, mais le burger végétarien au *nasi goreng* n'en est pas moins exceptionnel. La carte comporte quelques suggestions de cuisine dite saine : patates douces frites, jus vitaminés, etc. (0819 9905 5232 ; Jl Labuan Sait ; plats à partir de 55 000 Rp, burgers à partir de 75 000 Rp ; 9h30-22h ;)

Prendre un verre

Omnia

CLUB

11 PLAN P. 82, F4

Perché à la base de la péninsule de Bukit, ce club branché attire les amateurs de fêtes sous le soleil sur des rythmes de house et de hip-hop. L'architecture imposante de son très moderne bar Cube en fait un point central époustouflant, mais un simple coup d'œil par-dessus les parois en verre de son patio offre une vue imprenable sur les falaises déchiquetées, la canopée luxuriante et les vagues bleu azur.

La piscine à débordement, bordée de transats somptueux, est impressionnante et semble se fondre dans l'océan Indien. Les cocktails sont originaux et la cuisine très variée. Ce terrain de jeu est réservé aux adultes (+ 21 ans). Réservation conseillée. (☎0361-848 2150 ; Jl Belimbing Sari ; entrée variable selon le jour et l'événement ; ⏲11h-22h30)

Single Fin

BAR

12 PLAN P. 82, B2

Depuis ce café à 3 niveaux perché sur la falaise, la vue sur les vagues et les surfeurs est imprenable. Les boissons sont un peu chères (et peuvent laisser à désirer), mais la cuisine (plats 60 000-120 000 Rp) est bonne, les couchers de soleil incroyables et la fête du dimanche soir la meilleure de la péninsule.

Coco & Poke, un café attenant appartenant aux mêmes propriétaires, sert des *poke bowls* (à partir de 75 000 Rp ; 11h-19h lun-sam et 11h-21h dim). La carte propose un bol au tofu pour les végétariens. (☎0857-4775 0740 ; www.singlefinbali.com ; Jl Labuansait, au bout de Jl Mamo ; ⏲13h-21h ven-dim ; wifi)

Le paysage balinais

Située au milieu de l'archipel indonésien, l'île de Bali jouxte celle de Java et se trouve juste à l'ouest du modeste chapelet d'îles formant la province de Nusa Tenggara (incluant Lombok). Bali est hérissée de montagnes spectaculaires et abrite en son centre une chaîne de pics volcaniques atteignant 2 000 m. Au sud et au nord s'étendent les terres agricoles. La région méridionale consiste en une vaste zone vallonnée, d'où provient la majeure partie de la production rizicole. Moins arrosé, le littoral sept sentrional forme une bande plus étroite qui s'élève vers les contreforts de la chaîne centrale. On y élève du bétail et on y cultive du café, du coprah, ainsi que du riz. L'île compte également des régions arides et guère peuplées : les montagnes de l'Ouest, ainsi que les versants est et nord du Gunung Arung. De même, la sécheresse des îles de Nusa Penida les rend inadaptées à l'agriculture intensive. Malgré son aridité, la péninsule de Bukit voit sa population croître considérablement grâce à l'essor du tourisme. Bali est bordée de plages de toutes formes, couleurs et physionomies : criques cachées ou étendues spectaculaires, plages isolées ou abritant des fêtes, sable d'une blancheur immaculée ou noir étincelant...

Kecak, Pura Luhur Ulu Watu (p. 80)

Warung Delpi

CAFÉ

13 PLAN P. 82, B2

Perché sur une falaise à l'écart des autres spots où se sustenter et boire un verre face à l'océan, ce café-bar à l'ambiance très décontractée offre une vue tout bonnement époustouflante sur les eaux. Vous trouverez là un incroyable poste d'observation : une vaste plateforme en béton positionnée sur un promontoire rocheux battu par les vagues. La cuisine proposée est simple (plats 55 000-85 000 Rp) ; le plat le plus apprécié est le bœuf *rendang* mijoté dans des épices locales. (0878-6001 6022 ; 7h-21h)

Sortir

Danse *kecak*

DANSE

14 PLAN P. 82, B4

Si le spectacle s'adresse évidemment aux touristes, le cadre unique, dans un petit amphithéâtre faisant partie d'un secteur arboré du Pura Luhur Ulu Watu (p. 80), en fait l'un des plus évocateurs de Bali. La vue sur la mer est aussi exaltante que la danse. Il est très populaire durant la haute saison et attire les foules. (082-146-442-745 ; www.uluwatukecakdance.com/ ; Pura Luhur Ulu Watu, près de Jl Ulu Watu ; 135 000 Rp ; crépuscule)

Explorer

Nusa Dua et Tanjung Benoa

Construit dans les années 1970, Nusa Dua devait concurrencer les complexes hôteliers balnéaires du monde entier. C'est un lieu vaste et bien entretenu, coupé à dessein du reste de l'île. Juste au nord, la péninsule de Tanjung Benoa est bordée par de grands hôtels familiaux, de catégorie moyenne pour la plupart, et jouit d'une ambiance balnéaire sans artifices.

Notre sélection

- ***Pasifika Museum (p. 91)**. Explorer les œuvres artistiques des différentes cultures du Pacifique au cours des siècles.*
- ***Promenade de la plage (p. 91)**. Se balader le long des eaux cristallines qui s'étendent de Nusa Dua jusqu'à Tanjung Benoa.*
- ***Bumbu Bali Cooking School (p. 92)**. Se lever tôt pour acheter les ingrédients sur les marchés avant de s'essayer aux traditions culinaires balinaises.*

Comment y aller et circuler

Une navette gratuite relie, toutes les heures environ, Nusa Dua et les complexes hôteliers de Tanjung Benoa à la galerie marchande Bali Collection. Deux lignes de bus touristiques Kura-Kura circulent entre Nusa Dua et Kuta.

La course en taxi depuis l'aéroport coûte 150 000 Rp pour Nusa Dua et 200 000 Rp pour Tanjung Benoa ; un taxi avec compteur en sens inverse revient beaucoup moins cher. Les taxis depuis/vers Seminyak demandent environ 150 000 Rp pour 45 minutes, mais avec la circulation, le trajet peut doubler.

Plan de Nusa Dua et Tanjung Benoa p. 90

Lever du soleil sur Tanjung Benoa RANDI_ANG / SHUTTERSTOCK ©

A
B
C
D
1
2
3
4
5
6
0
1 km
Nos adresses
Voir p. 91
Se restaurer p. 92
Prendre un verre p. 93
Benoa Marine Recreation
Jl Pratama
8
6
Teluk Benoa
4 Bumbu Bali Cooking School
Selat Badung
Sri Lanka Beach
Jl Ngurah Rai Bypass
Jl Pratama Raya
2 Promenade de la plage
NUSA DUA
Pasifika Museum
1
Terrain de golf
Jl Raya Bvalu Ungasan
BUALU
Jl Srikandi
5
Jl Nusa Dua
Pantai Mengiat
Jl Terompong
3 Nusa Dua
7
Jl Pura Gegar

Voir

Pasifika Museum

MUSÉE

1 PLAN P. 90, C5

En l'absence des groupes venus des *resorts* voisins, vous aurez ce grand musée à vous seul. Sa collection embrasse plusieurs siècles d'art des cultures du Pacifique, incluant plus de 600 peintures (ne manquez pas les tikis). Les artistes européens qui se sont fait un nom à Bali au début du XXe siècle sont bien représentés. Retrouvez les œuvres d'Arie Smit, d'Adrien-Jean Le Mayeur de Merprès et de Theo Meier. Il y a aussi des Matisse et des Gauguin. (☎0361-774935 ; www.museum-pasifika.com ; centre commercial Bali Collection, Block P ; 100 000 Rp ; ⏲10h-18h)

Promenade de la plage

PROMENADE

2 PLAN P. 90, C4

Longue de 5 km, la promenade qui s'étire depuis Pura Gegar au sud le long des *resorts* et continue au nord presque jusqu'au bout de la plage de Tanjung Benoa est l'un des principaux attraits de Nusa Dua.

Nusa Dua

SURF

3 PLAN P. 90, D5

Durant la saison des pluies, le récif proche de Nusa Dua est souvent battu par la houle. Le principal *break* est à 1 km de la plage au sud, non loin de Gegar Beach (où des bateaux attendent les surfeurs pour les emmener ; 200 000 Rp). Il y a des gauches et des droites idéales à marée basse ou à mi-marée.

Plats du Bumbu Bali Restaurant (p. 92)

Sports nautiques

Les centres de sports nautiques le long de Jl Pratama proposent des séances de plongée, de planche à voile, de ski nautique et des croisières d'une journée. Chaque matin, des cars arrivent de tout le sud de Bali. Vers 10h, les premiers parachutes ascensionnels s'élèvent au-dessus de l'eau. Tous ces centres disposent de vendeurs affables qui tentent de vous vendre l'activité de vos rêves quand vous êtes sous leur toit de chaume ou dans un café. Vérifiez l'équipement et les références car il y a déjà eu des accidents mortels.

Benoa Marine Recreation (BMR ; plan p. 90, B1 ; 0361-771757 ; Jl Pratama ; 9h-16h30) fait partie des prestataires bien établis. Tous affichent des tarifs similaires, qu'il est possible de négocier.

Voici quelques-unes des activités proposées et leur prix moyen :

Banane tractée Folles virées à deux au cours desquelles vous devrez tenter de rester sur la banane pneumatique ballottée par les vagues (25 $US/15 min).

Bateau à fond de verre Une manière d'observer les fonds marins sans se mouiller (50 $US/heure d'excursion).

Jet-ski Vitesse et gaz d'échappement (30 $US/15 min).

Parachute ascensionnel Incontournable : vous vous élevez dans les airs au-dessus de l'eau tiré par un hors-bord (25 $US/vol de 15 min).

Snorkeling Équipement et trajet en bateau inclus (40 $US/heure).

Bumbu Bali Cooking School

CUISINE

4 PLAN P. 90, B2

La Bumbu Bali Cooking School est une école très appréciée, appartenant au restaurant du même nom, et qui s'intéresse aux racines de la cuisine balinaise. Les cours commencent à 6h par la visite du marché au poisson et du marché du matin de Jimbaran, se poursuivent dans la grande cuisine de l'établissement et s'achèvent par le déjeuner. (0361-771256 ; www.balifoods.com ; Jl Pratama ; cours avec/sans visite du marché 85/60 $US ; 7h30-14h lun et mer)

Se restaurer

Bumbu Bali Restaurant

BALINAIS $$

Heinz von Holzen, résident de longue date et auteur de livres de cuisine, sa femme Puji et leur équipe enthousiaste et bien formée servent des plats merveilleusement parfumés dans ce superbe restaurant (voir 4 plan p. 90, B2). Les cours de cuisine (lundi et mercredi, à partir de 60 $US) sont vivement recommandés. (0361-774502 ; www.balifoods.com ; Jl Pratama ; plats à partir de 40 000 Rp ; 8h-21h)

Warung Dobiel BALINAIS $

5 PLAN P. 90, B5

Un *warung* authentique dans les rues aseptisées de Nusa où déguster un bon *babi guling* (cochon de lait) assis sur un tabouret. La soupe de porc est idéale pour réveiller les papilles. Le service est parfois lent et l'endroit envahi par les groupes. Attention aux tarifs pour "étrangers". (0361-771633 ; Jl Srikandi ; repas à partir de 40 000 Rp ; 10h-16h)

Bali Cardamon ASIATIQUE $$

6 PLAN P. 90, B2

Un cran au-dessus des autres restaurants de Jl Pratama, cet établissement propose une cuisine créative inspirée de toute l'Asie. La poitrine de porc à l'anis est divine. Prenez place sous les frangipaniers ou dans la salle. (0361-776927 ; www.facebook.com/balicardamon/ ; Jl Pratama 99 ; plats 55 000-120 000 Rp ; 10h-22h)

Nusa Dua Beach Grill INTERNATIONAL $$

7 PLAN P. 90, B6

Parfait pour les visiteurs de passage, ce café aux tons chauds (derrière le Mulia) est juste au sud de Gegar Beach. Vaste carte des boissons, poisson et fruits de mer frais et ambiance décontractée. (0851 0043 4779 ; www.nusaduabeachgrill.com ; Jl Pura Gegar ; plats à partir de 70 000 Rp ; 7h-20h)

Prendre un verre

Atlichnaya Bar BAR

8 PLAN P. 90, B2

Ce bar animé et convivial change des bars d'hôtels guindés. Il offre un grand choix de cocktails et propose même des massages (à partir de 50 000 Rp). De bons plats peu onéreux, faisant la part belle aussi bien aux saveurs indonésiennes qu'occidentales, sont également proposés à la carte. (0813 3818 9675 ; www.atlichnaya.com ; Jl Pratama 83 ; 10h-minuit ;)

Explorer Sanur

Pour beaucoup, Sanur représente un juste milieu, avec un bon mélange de restaurants et de bars, lesquels ne sont pas tous rattachés à des hôtels. La plage, bien qu'étroite, est protégée par des récifs et des brise-lames, et ses eaux limpides sont prisées des familles. Les hôtels sont variés, formant de bonnes bases pour explorer les environs.

Notre sélection

- ***Front de mer (p. 96)***. *Passer devant des cafés, des bateaux de pêche et d'élégantes villas sur la promenade du front de mer, la première de Bali.*
- ***Museum Le Mayeur (p. 99)***. *Admirer l'architecture de style balinais et les œuvres de l'artiste belge Adrien-Jean Le Mayeur de Merprès.*
- ***Taman Festival Bali (p. 99)***. *Se plonger dans l'atmosphère d'une ville fantôme dans ce parc d'attractions abandonné.*

Comment y aller et circuler

Un cartel de taxis à l'aéroport propose un prix fixe de 250 000 Rp pour Sanur.

Une ligne du bus touristique Kura-Kura relie Sanur à Kuta et Ubud. Les bus passent toutes les heures et coûtent 80 000 Rp.

Plan de Sanur p. 98

Bali Kite Festival (p. 102), Pantai Padang Galak

Promenade à pied

La promenade du front de mer de Sanur

La promenade du front de mer de Sanur s'incurve sur 4 km, longeant des complexes hôteliers, des cafés, des bateaux de pêche et d'élégantes villas construites il y a des décennies par de riches expatriés tombés sous le charme de Bali. On aperçoit Nusa Penida au large. La promenade constitue une bonne excursion ou une étape agréable à mi-chemin entre deux destinations.

Départ Museum Le Mayeur

Arrivée Fairmont Sanur Beach Resort

Distance 4 km

Durée 1 heure-1 heure 30

Suivez cette promenade du front de mer pour profiter d'un large choix de lieux où prendre un verre avec vue sur la mer. La plage est orientée vers l'est. (Vous pourrez toujours profiter du reflet de Nusa Penida.)

❶ Grand Bali Beach Hotel

Construit à l'époque de Sukarno, ce vaste **hôtel** (Jl Hang Tuah) tombe lentement en décrépitude. Les autorités locales, atterrées par sa taille démesurée, ont décidé que plus aucun bâtiment ne devrait dépasser la hauteur d'un cocotier.

❷ Aquarium à tortues

Une **exposition** passionnante sur les tortues marines de Bali, menacées d'extinction. On y voit généralement quelques bébés tortues.

❸ Temple Pura Patal

Au milieu de l'agitation touristique, un petit **sanctuaire** ombragé par d'immenses arbres.

❹ Batu Jimbar

Au nord de l'hôtel Hyatt (récemment rénové), cette **villa** (☎0361 737498 ; www.villabatujimbar.com ; promenade du front de mer ; villa à partir de 1 400 $US) a une histoire haute en couleur. Elle a été réaménagée par le fameux architecte sri-lankais Geoffrey Bawa en 1975. C'est ici que Mick Jagger et Jerry Hall furent officieusement mariés en 1990. L'édifice a accueilli d'autres célébrités comme Yoko Ono, Sting ou Fergie.

Vaut le détour

En bas d'une route étroite près de Jl Danau Poso et à gauche du Pura Belangjong (lorsque vous y faites face), se trouve le plus ancien monument daté de Bali – un pilier de pierre – et ses inscriptions relatent des exploits militaires vieux de plus de 1 000 ans. L'utilisation du sanskrit témoigne de l'influence hindoue 300 ans avant l'arrivée des Majapahit.

❺ Bateaux de pêche

Au sud du vieil Hyatt, une vaste zone où des **bateaux de pêche** colorés sont tirés pour être réparés sous les arbres.

Nos adresses
Voir p. 99
Se restaurer p. 102
Prendre un verre p. 105
Shopping p. 105
0 500 m
A
B
C
D
1
2
3
4
5
6
Jl Hang Tuah
Jl Hang Tuah
Jl Ngurah Rai Bypass
Jl Danau Bratan
Jl Danau Buyan
Jl Segara Ayu
Jl Danau Tondano
Jl Pantai Sindhu
Jl Danau Tamblingan
Jl Tirtanadi
Jl Danau Poso
Jl Kesumasari
1 Museum Le Mayeur
2
3 Sanur Beach
4
5
6 Crystal Divers
7 Jamu Wellness
8
9
10
11
12
13
14
15
16
17
18
19
20
Selat Badung

Voir

Museum Le Mayeur MUSÉE

1 PLAN P. 98, C1

Le peintre belge luministe Adrien-Jean Le Mayeur de Merprès (1880-1958) arriva à Bali en 1932. Trois ans plus tard, il épousa une danseuse de *legong*, Ni Pollok, qui n'avait alors que 15 ans. Ils vécurent dans cette propriété quand Sanur n'était encore qu'un paisible village de pêcheurs. Après le décès de l'artiste, sa femme Ni Pollok y résida jusqu'à sa propre mort en 1985. Malgré des problèmes de sécurité (certaines peintures de Mayeur se sont vendues à 150 000 $US) et de conservation, près de 90 œuvres sont ici exposées. (☎ 0361-286201 ; Jl Hang Tuah ; adulte/enfant 20 000/10 000 Rp ; ⏲ 8h-15h30 sam-jeu, 8h30-12h30 ven)

Taman Festival Bali PARC D'ATTRACTIONS

2 PLAN P. 98, B1

L'une des curiosités les plus insolites de Bali, le Taman Festival Bali est un parc d'attractions abandonné, situé à environ 20 minutes au nord de Sanur en voiture. Certains disent que le parc de 8 ha a dû fermer ses portes en 2000 après avoir été frappé par la foudre (détruisant son équipement laser à 5 millions de dollars), mais sa fermeture est plus vraisemblablement liée à la crise économique asiatique. (Jalan Padang Galak 3)

Taman Festival Bali

Histoire de Bali

Les traces d'une présence humaine à l'âge de la pierre sont rares à Bali, même s'il est certain que l'île était peuplée dès le début de la préhistoire. Au IXe siècle, la société balinaise se basait sur la riziculture grâce à un système d'irrigation complexe, probablement très proche de celui utilisé aujourd'hui. Les Balinais avaient également commencé à développer leurs riches traditions culturelles et artistiques. L'hindouisme se développa aussitôt après un important essor culturel, et, alors que l'islam se propageait sur Java les siècles suivants, les rois et courtisans du royaume hindou de Majapahit se rendirent à Bali en traversant le détroit, un exode qui prit fin en 1478. Le prêtre Nirartha introduisit nombre des spécificités de la religion hindouiste à Bali.

L'arrivée des Européens

Les premiers Européens débarqués à Bali furent des marins néerlandais en 1597. La prospérité et l'activité artistique, du moins au sein de la royauté, étaient alors à leur apogée. Au XVIIIe siècle, des querelles entre princes balinais entraînèrent la division du pouvoir. En 1846, les Néerlandais déployèrent des forces militaires dans le nord de Bali et, s'intéressant ensuite au Sud, envoyèrent des navires de guerre en 1906. L'opposition balinaise n'empêcha pas les Néerlandais de débarquer, et, en 1908, ceux-ci contrôlaient entièrement l'île. Des milliers de Balinais – notamment les rois et les prêtres – choisirent le *puputan* (suicide ou combat rituel jusqu'à la mort) plutôt que de subir l'occupation. Sous le contrôle néerlandais, Bali connut un développement faible et le peuple fit peu de différence entre la domination royale et la domination néerlandaise.

La liberté

En 1942, les Japonais occupèrent Bali qui connut un sort sinistre pendant la Seconde Guerre mondiale. En août 1945, quelques jours après la reddition japonaise, le nationaliste Sukarno proclama l'indépendance de l'Indonésie. Des batailles éclatèrent un peu partout jusqu'à ce que les Néerlandais reconnaissent l'indépendance en 1949. Gusti Ngurah Rai, grand défenseur de la liberté, a donné son nom à l'aéroport de Bali. L'essor du tourisme, démarré au début des années 1970, apporte d'immenses changements sur l'île. Toutefois, l'exceptionnelle culture balinaise fait preuve d'une résistance remarquable alors que le nombre de visiteurs dépasse les 3 millions chaque année.

Bateaux de pêche sur la plage de Sanur

Sanur Beach PLAGE

3 PLAN P. 98, C6

La plage de Sanur s'incurve sur plus de 5 km vers le sud-ouest. Elle est généralement propre et paisible – à l'image de la ville. Les récifs au large transforment la houle en de petites vaguelettes qui viennent doucement lécher le rivage. Les *resorts* qui bordent le sable sont la plupart du temps assez discrets, et la plage n'est quant à elle jamais particulièrement bondée.

Rip Curl School of Surf KITESURF

4 PLAN P. 98, B6

Les eaux protégées par les récifs et la brise régulière en provenance du large font de Sanur un lieu idéal pour le kitesurf. La saison s'étend de juin à octobre. L'école loue également des planches à voile, des planches de stand-up paddle (cours de paddle yoga pour 450 000 Rp/heure) et des kayaks. (☎0851-0003-8445 ; www.ripcurlschoolofsurf.com ; promenade du front de mer, Sanur Beach Hotel ; cours de kitesurf à partir de 1 650 000 Rp, location à partir de 550 000 Rp/jour ; ⌚8h-17h)

Power of Now Oasis YOGA

5 PLAN P. 98, A6

Prenez un cours de yoga dans ce charmant pavillon en bambou donnant sur la plage de Sanur. Il y en a de plusieurs niveaux et types. Le yoga au lever du soleil est très populaire. (☎0878 6153 4535 ; www.

Dans le ciel de Sanur

Dans le sud de Bali, impossible de manquer les nombreux cerfs-volants qui flottent dans le ciel. Beaucoup ont des dispositifs bruyants qui bourdonnent ou vrombissent. Comme souvent à Bali, leurs origines sont spirituelles : les cerfs-volants sont supposés chuchoter à l'oreille des dieux que des récoltes abondantes seraient bienvenues. En juillet, des centaines d'équipes balinaises et internationales envahissent les espaces en plein air au nord de Sanur pour le **Bali Kite Festival**. L'action se déroule surtout dans les terres à l'arrière de Pantai Padang Galak, à environ 1 km de Sanur en montant le long de la côte. On peut y admirer des cerfs-volants balinais de mai à septembre.

powerofnowoasis.com ; promenade du front de mer, Hotel Mercure ; cours à partir de 120 000 Rp)

Crystal Divers PLONGÉE

6 PLAN P. 98, C5

Ce centre de plongée recommandé pour les débutants possède son propre hôtel (le Santai) et une piscine. Nombreux cours, dont le brevet PADI Open Water (5 500 000 Rp). (0361-286737 ; www.crystal-divers.com ; Jl Danau Tamblingan 168 ; plongées à partir de 890 000 Rp)

Jamu Wellness SPA

7 PLAN P. 98, C4

Ce charmant spa offre de nouveaux hébergements élégants et une gamme de soins comme le soin corporel "Earth and Flower" et le gommage "Kemiri Nut Scrub". (0361 472 0940 ; www.jamutraditions.com ; Jl Danau Tamblingan 140 ; massage d'1 heure 245 000 Rp ; 10h-19h)

Se restaurer

Nasi Bali Men Weti BALINAIS $

8 PLAN P. 98, C2

Ce stand tout simple propose un excellent *nasi campur* (l'assortiment composant le déjeuner typique de Bali). Tout est frais et les plats sont préparés pendant que vous patientez dans l'inévitable file d'attente, avant de déguster votre repas assis sur un petit tabouret en plastique. (Jl Segara Ayu ; repas à partir de 25 000 Rp ; 8h-13h)

Sari Bundo INDONÉSIEN $

9 PLAN P. 98, A6

Une devanture impeccable proposant une cuisine de style Padang à l'extrémité sud de Sanur. Faites votre choix parmi une liste de plats frais et très épicés. Le poulet au curry mettra le feu à vos papilles. (0361-281389 ; Jl Danau Poso ; plats à partir de 20 000 Rp ; 24h/24)

Tissage d'ikat

Warung Mak Beng

BALINAIS $

10 PLAN P. 98, C1

Pas besoin de carte dans ce lieu apprécié des gens du cru. Il ne propose que du poisson grillé au barbecue (*ikan laut goreng*) servi avec divers accompagnements et une soupe savoureuse. Le service est rapide, l'air est parfumé et la clientèle bigarrée très joyeuse. (0361-282633 ; Jl Hang Tuah 45 ; plats 35 000 Rp ; 8h-21h)

Warung Babi Guling Sanur

BALINAIS $

11 PLAN P. 98, B2

Contrairement à la majorité des établissements de Bali servant du *babi guling* (cochon de lait à la broche), qui achètent leur cochon de lait précuit à des grossistes, ce petit restaurant fait tout sur place. Le résultat est au rendez-vous ! (0361-287308 ; Jl Ngurah Rai Bypass 256 ; plats à partir de 25 000 Rp ; 11h-19h)

Porch

CAFÉ $

12 PLAN P. 98, C4

Ce café est installé dans un bâtiment traditionnel en bois. Prenez une table à l'avant ou préférez l'intérieur climatisé. Le menu est un savoureux mélange de plats occidentaux (burgers, etc.) et de produits de boulangerie fraîchement préparés, telle la *ciabatta*. Il y a du monde au petit-déjeuner ; longue liste de jus de fruits frais. Le High Tea (thé dînatoire) est très prisé également

Sanur, ses artistes et ses dirigeants

Sanur était l'un des endroits favoris des Occidentaux qui découvraient Bali avant la Seconde Guerre mondiale. Les artistes Miguel Covarrubias, Adrien-Jean Le Mayeur de Merprès et Walter Spies, l'anthropologue Jane Belo et la chorégraphe Katharane Mershon y séjournèrent. Les premiers bungalows pour touristes firent leur apparition dans les années 1940 et 1950, puis des retraités vinrent s'y installer. Pendant cette période, Sanur était dirigée par des prêtres et universitaires perspicaces, conscients des opportunités et des menaces que représentait l'essor du tourisme. Ils créèrent également des coopératives villageoises, propriétaires des terres et gérantes des commerces touristiques, afin que les bénéfices reviennent à la communauté.

L'influence des prêtres reste forte et Sanur est l'une des rares communautés encore dirigées par des membres de la caste des brahmanes. Connu pour abriter des sorciers et des guérisseurs, le lieu est un centre de magie noire et blanche. Le *kain poleng*, tissu à carreaux noirs et blancs symbolisant l'équilibre entre le bien et le mal, est emblématique de Sanur.

(150 000 Rp pour deux). (☎0361-281682 ; www.flashbacks-chb.com ; Jl Danau Tamblingan 111, Flashbacks ; plats à partir de 55 000 Rp ; ⏲6h30-22h30 ; ❄ 📶)

Three Monkeys Cafe ASIATIQUE $$

13 PLAN P. 98, C4

Aménagé sur 2 niveaux, en retrait de la route, ce café n'est pas qu'une simple copie du superbe café d'origine à Ubud. On savoure le meilleur café de Sanur sur des canapés et des chaises, avec du jazz en fond sonore et des concerts certains soirs. La carte créative mêle cuisines occidentale et asiatique. (☎0361-286002 ; www.threemonkeyscafebali.com ; Jl Danau Tamblingan ; plats 59 000-199 000 Rp ; ⏲11h-23h ; 📶)

Char Ming ASIATIQUE $$

14 PLAN P. 98, B6

Cuisine fusion asiatique avec une touche française. Chaque jour, des poissons et des crustacés frais figurent au menu. Les plats régionaux, souvent avec une pointe de modernité, sont les plus intéressants. Restaurant élégant, avec plantes luxuriantes et boiseries sculptées provenant d'anciennes constructions indonésiennes. (☎0361-288029 ; Jl Danau Tamblingan N97 ; plats à partir de 95 000 Rp ; ⏲17h-23h)

Byrdhouse Beach Club
INTERNATIONAL $$

15 PLAN P. 98, C3

Il est facile de passer la journée au bord de la plage dans ce club disposant de transats, d'une piscine, d'un restaurant, d'un bar et d'une table de ping-pong. Regardez sur sa page Facebook les événements à venir, y compris les projections de films en plein air et les stands de cuisine de rue. (0361-288407 ; www.facebook.com/byrdhousebeachclubbali ; Segara Village, Sanur Beach ; plats à partir de 60 000 Rp ; 7h-minuit ;)

Minami
JAPONAIS $$

16 PLAN P. 98, C2

Décor blanc minimaliste, ambiance animée en plein air et grand choix de poissons ultrafrais dans cet authentique restaurant japonais sur la plage de Sanur. (0361 288 407 ; hôtel Segara village, promenade du front de mer ; plats à partir de 60 000 Rp ; 10h-23h)

Prendre un verre

Fire Station
PUB

17 P. 98, B6

Ce pub ouvert à l'avant a un petit côté Hollywood des années 1960 avec ses murs tapissés de portraits de stars. On s'attend à y voir Dennis Hopper jeune. Il y a des bières belges, des pichets de sangria et d'autres boissons intéressantes, mais aussi de bons plats de pub (à partir de 99 000 Rp) et des spécialités. (0361-285675 ; Jl Danau Poso 108 ; 16h-tard)

Shopping

Ganesha Bookshop
LIVRES

18 PLAN P. 98, B3

Les lecteurs sérieux apprécieront cette autre adresse de la meilleure librairie de Bali. (0361-970320 ; www.ganeshabooksbali.com ; Jl Danau Tamblingan 42 ; 9h-18h)

A-Krea
VÊTEMENTS

19 PLAN P. 98, C4

Cette excellente et charmante boutique de souvenirs offre une grande diversité d'articles conçus et faits à Bali. Vêtements, accessoires et articles pour la maison sont, notamment, faits main. (0361-286101 ; Jl Danau Tamblingan 51 ; 9h-21h)

Nogo
TISSUS

20 PLAN P. 98, C4

Vous trouverez un métier à tisser en bois devant cette boutique chic, autoproclamée "centre balinais de l'ikat". Des articles très plaisants à admirer dans le confort d'un espace climatisé. (0361-288765 ; www.nogoikat.com ; Jl Danau Tamblingan 104 ; 9h-20h)

Vaut le détour

Nusa Lembongan

Nusa Lembongan, autrefois semée de cahutes de surfeurs, est désormais appréciée des autres catégories de voyageurs. S'il est toujours possible de trouver une chambre basique avec vue sur les breaks et le coucher du soleil, les hôtels de charme sont aujourd'hui de la partie. La popularité de Nusa Lembongan grandit au fil des ans, mais elle reste un endroit paisible.

Comment y aller

Rocky Fast Cruises (www.rockyfastcruise.com ; aller/aller-retour 300 000/500 000 Rp) et Scoot (www.scootcruise.com ; aller adulte/enfant 400 000/280 000 Rp) relient Sanur à Jungutbatu Beach (10/jour ; 30 min).

Jungutbatu Beach

De la superbe plage, on a une vue superbe sur le Gunung Agung, à Bali. La plaisante digue-promenade est idéale pour se balader, surtout au coucher du soleil. La présence de bateaux l'empêche de tourner au cliché idyllique.

Mushroom Bay

La superbe Tanjung Sanghyang, surnommée Mushroom Bay en raison de ses coraux-champignons, se distingue par son croissant de sable blanc. Pour vous y rendre depuis Jungutbatu, marchez environ 1 km sur le sentier du littoral partant de l'extrémité sud de la plage principale.

Surf

La saison sèche (avr-sept), où les vents soufflent du sud-est, se prête le mieux au surf. Parfois dangereux, même pour les plus expérimentés, l'endroit ne convient pas aux débutants. Les trois grands breaks qui jalonnent le récif, du nord au sud, portent des noms évocateurs : Shipwrecks (naufrages), Lacerations et Playgrounds (terrains de jeu). Les cours du **Thabu Surf Lessons** (☎0813 5380 1844 ; thabusurflessons.webs.com ; adulte/enfant selon niveau et taille à partir de 450 000/400 000 Rp) sont réputés.

Plongée et snorkeling

Nusa Lembongan est une bonne base pour les plongeurs et les centres de plongée s'y multiplient. **World Diving** (☎0812 390 0686 ; www.world-diving.com ; Jungutbatu Beach ; baptême 1 000 000 Rp, cours Open Water 5 500 000 Rp) est réputé. Le snorkeling peut se pratiquer au large de Tanjung Sanghyang et aux abords du ponton de Bounty, ainsi que dans les zones au nord de l'île. Comptez environ 200 000 Rp/heure pour louer un bateau, en fonction de la demande.

★ À savoir

- Au nord du bourg, où passe la route principale de l'île, un long escalier de pierre descend au Pura Puseh, le temple du village, d'où la vue est grandiose. Vous y trouverez un énorme arbre sacré.
- Une grande partie de Nusa Lembongan est orientée vers Bali et jouit de couchers de soleil spectaculaires ; venez à 18h.

Une petite pause ?

Les nombreux bars de plage proposent les classiques habituels, avec en prime une vue magnifique. Niché dans un joli jardin d'une ruelle proche de Jungutbatu Beach, le **Green Garden Warung** (☎0813 3741 9282 ; Jungutbatu ; plats 20 000-50 000 Rp ; 🕗7h-21h30 ; ✎) sert de savoureux *smoothie bowls* et des plats indonésiens créatifs, dont beaucoup sont végétariens.

Explorer Denpasar

Sans être un paradis tropical, Denpasar appartient tout autant au "vrai Bali" que les rizières et les temples surplombant les falaises. Pour son million d'habitants, c'est le cœur de l'île. On y trouve des centres commerciaux et des parcs, mais ce sont ses restaurants et ses cafés authentiques, destinés à la classe moyenne naissante, qui se révèlent être les plus attirants.

Notre sélection

- ***Bajra Sandhi Monument (p. 111)**. Découvrir le symbolisme hindou et la lutte pour l'indépendance des Balinais.*
- ***Museum Negeri Propinsi Bali (p. 111)**. Admirer une riche collection de reliques culturelles dans le plus grand musée de Bali et le plus ancien.*
- ***Pura Jagatnatha (p. 112)**. Apprécier les sculptures élaborées de ce temple d'État dédié au dieu hindou suprême Sanghyang Widi.*

Comment y aller et circuler

Les bus longue distance partent de la gare de bus et de *bemo* d'Ubung, située tout au nord de la ville. La plupart des lignes longue distance s'arrêtent à la gare routière de Mengwi.

Les taxis Blue Bird sont les plus fiables.

Plan de Denpasar p. 110

Bajra Sandhi Monument (p. 111)

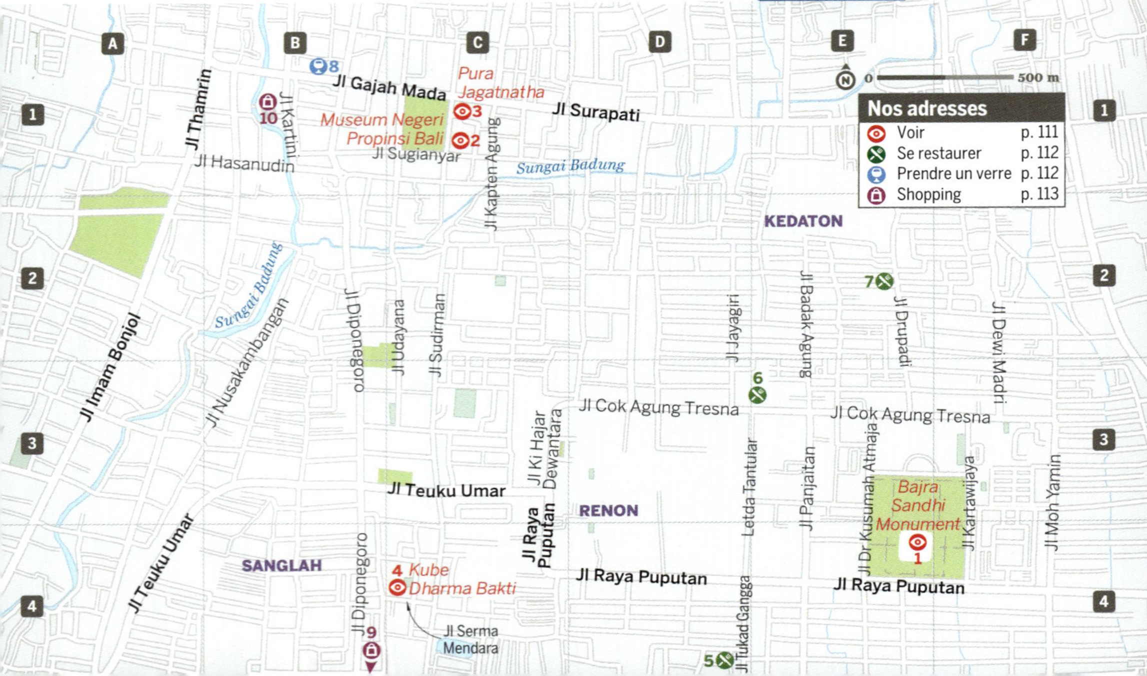
Nos adresses
Voir p. 111
Se restaurer p. 112
Prendre un verre p. 112
Shopping p. 113
0 500 m
N
A
B
C
D
E
F
1
2
3
4
Jl Gajah Mada
Jl Surapati
Pura Jagatnatha
Museum Negeri Propinsi Bali
Jl Sugianyar
Jl Kapten Agung
Sungai Badung
Jl Thamrin
Jl Kartini
Jl Hasanudin
KEDATON
Jl Imam Bonjol
Jl Nusakambangan
Jl Diponegoro
Jl Udayana
Jl Sudirman
Jl Jayagiri
Jl Badak Agung
Jl Drupadi
Jl Dewi Madri
Jl Cok Agung Tresna
Jl Ki Hajar Dewantara
Jl Teuku Umar
RENON
Jl Raya Puputan
Letda Tantular
Jl Panjaitan
Jl Dr Kusumah Atmaja
Bajra Sandhi Monument
Jl Kartawijaya
Jl Moh Yamin
SANGLAH
Kube Dharma Bakti
Jl Serma Mendara
Jl Tukad Gangga
1
2
3
4
5
6
7
8
9
10

Voir

Bajra Sandhi Monument
MONUMENT

1 PLAN P. 110, E4

Joyau d'un parc populaire, ce monument est aussi solennel que son nom. Il rappelle vaguement le temple de Borobudur. À l'intérieur, des dioramas retracent de façon ludique l'histoire de Bali. Notez que dans la représentation de la bataille de 1906 contre les Néerlandais, le roi de Badung fait figure de cible vraiment facile. Empruntez l'escalier en colimaçon pour admirer le panorama. (Monument de la lutte du peuple de Bali ; 0361-264517 ; Jl Raya Puputan 142, Renon ; adulte/enfant 20 000/10 000 Rp ; 8h-18h lun-ven, 9h-18h sam, 10h-18h dim)

Museum Negeri Propinsi Bali
MUSÉE

2 1 PLAN P. 110, C1

C'est un peu le Louvre de la culture balinaise. Tout y est, mais à vous de faire le tri. La plupart des panneaux sont en anglais. Le musée abrite plusieurs édifices et pavillons, de nombreux exemples de l'architecture balinaise, des objets préhistoriques, des artefacts traditionnels, des costumes de Barong (créature mythique mi-lion, mi-chien), des objets de cérémonie et de superbes étoffes. (0361-222680 ; Jl Mayor Wisnu ; adulte/enfant 50 000/25 000 Rp ; 8h-15h lun-jeu, 8h-12h30 ven)

Entrée du Museum Negeri Propinsi Bali

Pura Jagatnatha TEMPLE HINDOU

3 PLAN P. 110, C1

Ce temple d'État, construit en 1953, est dédié au dieu suprême, Sanghyang Widi. Les Balinais reconnaissent de nombreuses divinités, mais la croyance en un dieu suprême (possédant de multiples formes) permet à l'hindouisme balinais de se conformer au premier principe du Pancasila, la croyance en un dieu unique. (Jl Surapati ; entrée gratuite)

Kube Dharma Bakti MASSAGES

4 PLAN P. 110, C4

De nombreux Balinais n'acceptent de se faire masser que par des aveugles. Des écoles financées par le gouvernement proposent des formations longues pour des élèves frappés de cécité, avec à la clé des diplômes en réflexologie, en massage shiatsu, en anatomie, etc. Dans ce vaste bâtiment embaumant les liniments, vous aurez le choix entre diverses thérapies. (0361-749 9440 ; Jl Serma Mendara 3 ; massages 100 000 Rp/heure ; 9h-22h)

Se restaurer

Depot Cak Asmo INDONÉSIEN $

5 PLAN P. 110, D4

Fonctionnaires et étudiants de l'université voisine savourent de délicieux plats préparés sur commande dans la cuisine bruissant d'activité. Croustillant et onctueux *cumi cumi* (calamars) sauce *telor asin* (mélange divin d'œuf et d'ail). Rafraîchissantes boissons aux fruits. Carte en anglais. Tout est halal. Pas d'alcool. (0851-0285-6677 ; Jl Tukad Gangga ; plats à partir de 15 000 Rp ; 10h-23h)

Warung Lembongan INDONÉSIEN $

6 PLAN P. 110, E3

Des chaises pliantes argentées et de longues tables, à l'ombre d'un auvent d'un vert criard. Des détails que vous oublierez vite après avoir goûté la spécialité maison : du poulet légèrement frit et délicatement croustillant. Autre spécialité : le *sop kepala ikan*, une soupe de poisson épicée. (0361-221437 ; Jl Cok Agung Tresna 6C ; plats 17 000-25 000 Rp ; 8h-22h)

Men Gabrug BALINAIS $

7 PLAN P. 110, E2

Les *jaje laklak*, des disques de farine de riz cuits dans une poêle en fonte et embaumant la noix de coco, font partie des douceurs préférées des Balinais de tous âges. Pour en goûter, rien ne vaut ce stand familial où ils sont cuits directement dans la rue. (0361-7070 8415 ; Jl Drupadi ; en-cas à partir de 10 000 Rp ; 9h-18h lun-sam)

Prendre un verre

Bhineka Djaja CAFÉ

8 PLAN P. 110, B1

Abritant le Bali's Coffee Co, ce magasin vend du café local et prépare un délicieux expresso

Manger, ou pas, à la mode balinaise

Les Balinais n'ont pas l'habitude de parler au cours des repas et les membres d'une famille mangent rarement ensemble ; chacun se sert quand il a faim.

Les Balinais mangent avec la main droite, utilisée pour donner et recevoir les bonnes choses. On se lave les mains avant de passer à table, même si l'on se sert de couverts. Dans les restaurants locaux, un lavabo est toujours installé à côté des toilettes. Si vous mangez à la balinaise, rincez-vous les mains dans le bol d'eau posé sur la table après le repas ; se lécher les doigts est mal vu.

Les Balinais se montrent chatouilleux au niveau du comportement et de la tenue. Il est impoli d'entrer dans un restaurant torse nu ou de manger à moitié dévêtu.

Quand vous mangez devant un Balinais, il est poli de l'inviter à se joindre à vous, même si vous savez qu'il va refuser ou que vous n'avez rien à lui offrir. Si vous êtes invité chez des Balinais, vos hôtes insisteront pour que vous mangiez davantage, mais vous pouvez refuser poliment de vous resservir ou de goûter un plat qui ne vous tente pas.

que l'on déguste à l'une des deux minuscules tables en observant l'animation de la vieille rue principale de Denpasar. (0361-224016 ; bhinekadjaja.com ; Jl Gajah Mada 80 ; café 7 000 Rp ; 9h-15h lun-ven)

Shopping

Jepun Bali

TISSUS

9 PLAN P. 110, B4

Ayu Made Mardiani est réputée ici pour ses *endek* (utilisés dans les sarongs traditionnels) et ses *songket* (ornés de fils d'argent ou d'or) tissés avec des méthodes traditionnelles. Vous pouvez visiter son élégante maison et son atelier, admirer le fonctionnement de machines anciennes ainsi que des étoffes polychromes de soie et de coton. (0361-726526 ; Jl Raya Sesetan, Gang Ikan Mas 11 ; RDV par téléphone)

Pasar Badung

MARCHÉ

10 PLAN P. 110, B1

Animé le matin et le soir, le plus vaste marché alimentaire de Bali est l'endroit idéal pour se promener et marchander. On y trouve des produits venant de toute l'île, ainsi qu'une multitude de fruits et d'épices. (0361-224361 ; Jl Gajah Mada ; 24h/24)

Explorer

Ubud

Ici, la culture traditionnelle balinaise imprègne chaque instant, les offrandes colorées ornent les rues et le son hypnotique du gamelan rythme la vie quotidienne. Ubud est aussi un lieu en perpétuelle évolution, toujours à la pointe de la mode : développement durable, pleine conscience, inventivité culinaire, elle propose ce qui se fait de mieux en matière de tourisme international.

Notre sélection

- ***Rizières d'Ubud (p. 116)***. *Parcourir les sentiers qui traversent les rizières verdoyantes aux portes de la ville.*
- ***Spectacles de danse (p. 132)***. *Apprécier les mouvements gracieux des danseuses et la musique envoûtante du gamelan lors d'un spectacle dans un temple.*
- ***Cafés (p. 129)***. *Boire un café préparé à base de grains locaux et savourer des repas bio ultrafrais.*
- ***Cours de cuisine (p. 124)***. *Apprendre à préparer le meilleur* nasi campur *dans l'une des nombreuses écoles de la ville.*
- ***Shopping (p. 133)***. *Parcourir les boutiques d'articles de maison, de vêtements et d'artisanat chic.*

Comment y aller et circuler

Le terminus de bus touristiques Perama se situe à Padangtegal, au sud du centre-ville. Les bus Kura-Kura partent 5 fois par jour près du palais d'Ubud pour rejoindre leur base à Kuta.

La course en taxi de l'aéroport à Ubud coûte 350 000 Rp (400 000 Rp de minuit à 6h). Une voiture avec chauffeur coûtera le même prix.

Plan d'Ubud p. 120

Danseuse lors d'une cérémonie de la pleine lune CHEN WS / SHUTTERSTOCK ©

Les incontournables

Les rizières d'Ubud

Rien de tel qu'une balade dans les rizières pour respirer l'harmonie des lieux. Très anciennes, ces rizières s'étagent en terrasses à flanc de colline jusqu'aux rivières en contrebas. Vous serez accompagné par une symphonie de grenouilles et d'insectes et par le gargouillis de l'eau qui court le long des canaux. La plupart des rizières produisent trois récoltes par an et au cours de votre promenade, vous apercevrez de jeunes pousses, de multiples nuances de vert et les épis de riz prêts à être récoltés.

Balade en solo

Partez de l'allée qui mène aux Ibah Luxury Villas, près de Jl Raya Campuan à Campuan, et prenez le chemin sur la gauche où une passerelle traverse la rivière vers le paisible Pura Gunung Lebah (p. 123). Suivez le chemin en ciment menant vers le nord et grimpez jusqu'à la crête entre les deux rivières : les rizières s'étagent au-dessus d'Ubud sur toutes les collines alentour.

Bali Bird Walks

Lancée par un Britannique, Victor Mason, une figure incontournable de Bali, cette **promenade ornithologique** (☎0361-975009 ; www.balibirdwalk.com ; circuit déj inclus 37 $US ; ⏲9h-12h30 lun, mar, ven et sam) est très populaire. Au cours d'une paisible marche matinale (au départ de l'ancien Beggar's Bush Bar sur Jl Raya Campuan), vous pourrez voir jusqu'à 30 espèces d'oiseaux locaux sur la centaine existante.

Bali Nature Herbal Walks

Cette **promenade botanique** (☎0812 381 6020, 0812 381 6024 ; promenade 200 000 Rp ; ⏲8h30) de 3 heures dans un paysage luxuriant vous apprendra à identifier les herbes médicinales et aromatiques. Dégustation de tisanes incluse.

Banyan Tree Cycling Tours

Ces **circuits à vélo** (☎0813 3879 8516 ; www.banyantreebiketours.com ; circuit adulte/enfant à partir de 55/35 $US) vous entraînent dans les villages reculés des collines autour d'Ubud, à la rencontre des villageois. Le succès de ces circuits a encouragé la concurrence.

À la recherche de la nature

Certaines parties d'Ubud semblent très urbaines, mais il suffit souvent de suivre une petite ruelle pour déboucher sur de superbes rizières verdoyantes. Essayez d'en trouver le long de Jl Bisma ou même de Monkey Forest Rd.

★ À savoir

- Suivez votre instinct pour traverser les rizières ; si le chemin s'arrête, vous pourrez toujours revenir sur vos pas.
- À emporter : bouteille d'eau, chapeau, bonnes chaussures, et de quoi se protéger des averses de l'après-midi.
- Essayez de partir à l'aube, avant qu'il ne fasse trop chaud.
- Certains paysans ont installé des barrières à péage dans leurs rizières. Vous pouvez les contourner ou payer un droit d'entrée (mais pas plus de 10 000 Rp).

Une petite pause ?

Au **Bali Buda** (plan p. 120, F5 ; ☎0811 3951 202 ; www.balibuda.com ; Jl Jembawan 1 ; plats 38 000-67 000 Rp, pizzas 63 000-81 000 Rp ; ⏲8h-21h ; 🌶), vous trouverez des produits bio et une boulangerie, où acheter de petites choses à grignoter (casse-croûte à partir de 10 000 Rp).

Promenade à pied

Une journée parfaite à Ubud

Le centre d'Ubud est aussi compact que coloré, ce qui en fait une destination idéale à explorer à pied. Vous n'aurez que l'embarras du choix en matière de restaurants, de bars et de boutiques, et serez enchanté par les nombreuses expériences culturelles que la ville a à offrir.

La promenade

Départ Museum Puri Lukisan

Arrivée Hujon Locale

Distance 6 km

Durée 1 heure 15

❶ Introduction à la peinture balinaise

Vous êtes dans le cœur artistique de Bali. Commencez la journée en vous initiant à l'art balinais au **Museum Puri Lukisan** (p. 122). Installés dans un jardin bien tenu, les quatre bâtiments du musée abritent des œuvres de maîtres tels que I Gusti Nyoman Lempad et Ida Bagus Made.

❷ Temple de l'eau

En plus d'être un lieu de culte important pour les Balinais, le **Pura Taman Saraswati** (p. 123) est l'un des endroits les plus plaisants de la ville. Les eaux qui coulent à l'arrière du temple alimentent le bassin couvert de fleurs de lotus, et des sculptures honorent Dewi Saraswati, la déesse de la sagesse et des arts, qui a certainement béni Ubud.

❸ Détour par les rizières

Il est difficile d'imaginer qu'à seulement quelques minutes à pied de la rue principale d'Ubud se trouvent des rizières bucoliques où s'activent les paysans locaux. Pour les découvrir, suivez les panneaux "Rice Field View" depuis Jl Kajeng. Arrêtez-vous pour prendre un verre ou déjeuner au **Sweet Orange Warung** (p. 130). Un pur moment de délice.

❹ Shopping

Vous ne serez jamais à court de shopping à Ubud, mais pour découvrir les plus belles boutiques, dirigez-vous vers Monkey Forest Rd et Jl Dewi Sita. Laissez-vous enivrer par les parfums de **Kou** (p. 134), puis parcourez les magasins de vêtements, d'articles pour la maison et autres objets d'artisanat.

❺ Pause spa

Ubud est célèbre pour ses spas, ses écoles de yoga et ses centres de soin. **Taksu Spa** (p. 125) est les trois à la fois. Arrêtez-vous quelques heures pour un cours de yoga, un massage et un moment de détente autour d'un déjeuner sain ou d'un jus de fruits frais dans son café en plein air.

❻ Spectacles de danse

Les mouvements gracieux des danseurs et le son mélodieux des orchestres de gamelan font des spectacles de danse à Ubud d'authentiques moments de divertissement. Des troupes locales se produisent dans plusieurs temples de la ville, ainsi qu'à l'**Open Stage** (p. 132) de l'Agung Rai Museum of Art.

❼ Cuisine créative

Après cette journée bien remplie, accordez-vous un dîner au **Hujon Locale** (p. 125), l'un des meilleurs restaurants d'Ubud, qui sert une cuisine indonésienne créative et délicieuse dans un cadre simple et élégant. Sirotez un cocktail et clôturez cette journée parfaite par un repas inoubliable.

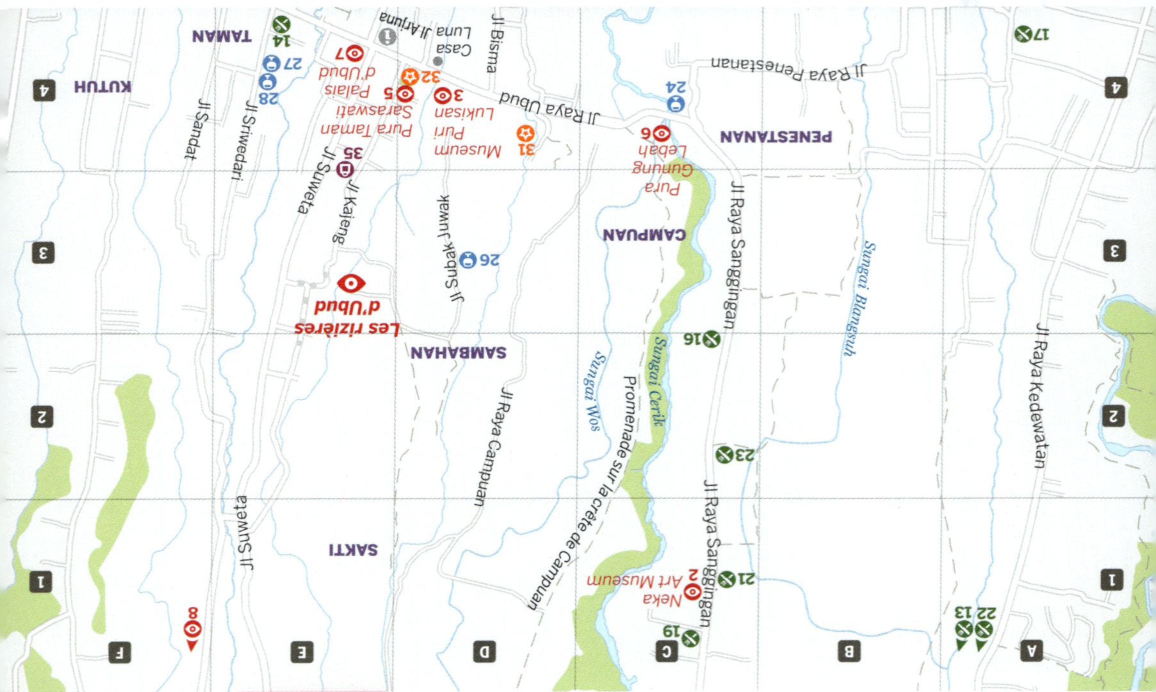
A
B
C
D
E
F
1
2
3
4
SAKTI
SAMBAHAN
CAMPUAN
PENESTANAN
KUTUH
TAMAN
Les rizières d'Ubud
Neka Art Museum
Pura Gunung Lebah
Museum Puri Lukisan
Pura Taman Saraswati
Palais d'Ubud
Casa Luna
Jl Suweta
Jl Kajeng
Jl Sriwedari
Jl Sandat
Jl Arjuna
Jl Bisma
Jl Raya Ubud
Jl Subak Juwak
Jl Raya Campuan
Jl Raya Sanggingan
Jl Raya Penestanan
Jl Raya Kedewatan
Promenade sur la crête de Campuan
Sungai Wos
Sungai Cerik
Sungai Blangsuh
2
3
5
6
7
8
13
14
16
17
19
21
22
23
24
26
27
28
31
32
35

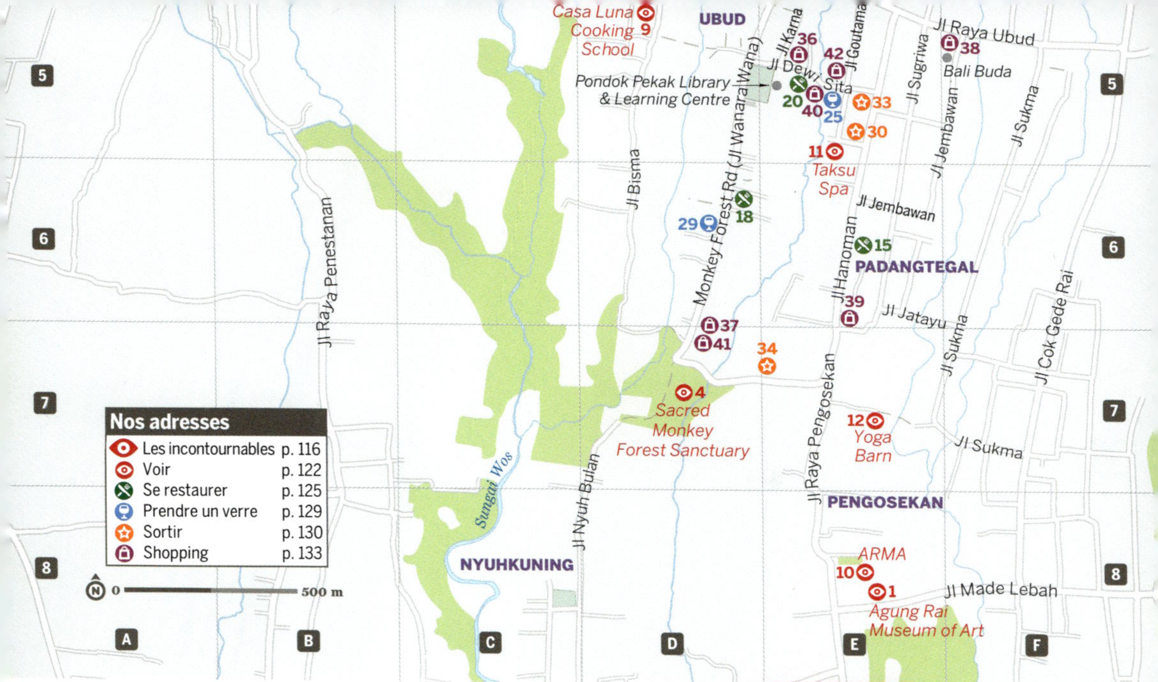

Nos adresses
Les incontournables p. 116
Voir p. 122
Se restaurer p. 125
Prendre un verre p. 129
Sortir p. 130
Shopping p. 133
0
500 m
N
UBUD
PADANGTEGAL
PENGOSEKAN
NYUHKUNING
Casa Luna Cooking School 9
Pondok Pekak Library & Learning Centre
Bali Buda
11 Taksu Spa
4 Sacred Monkey Forest Sanctuary
12 Yoga Barn
10 ARMA
1 Agung Rai Museum of Art
36
42
20
40
25
33
30
38
29
18
15
39
37
41
34
Jl Raya Ubud
Jl Karna
Jl Dewi Sita
Jl Goutama
Jl Sugriwa
Jl Jembawan
Jl Sukma
Jl Hanoman
Jl Jatayu
Jl Cok Gede Rai
Monkey Forest Rd (Jl Wanara Wana)
Jl Bisma
Jl Raya Penestanan
Jl Nyuh Bulan
Jl Raya Pengosekan
Jl Made Lebah
Sungai Wos
A
B
C
D
E
F
5
6
7
8

Voir

Agung Rai Museum of Art
GALERIE

1 PLAN P. 120, E8

Si vous ne devez visiter qu'un musée à Ubud, choisissez celui-ci. Son fondateur, Agung Rai, a construit sa fortune en vendant des œuvres d'art balinaises aux étrangers dans les années 1970, tout en se constituant l'une des plus impressionnantes collections privées d'Indonésie. Ouvert en 1996, ce centre culturel expose sa collection dans deux bâtiments – ne manquez pas le merveilleux *Portrait of a Javanese Nobleman and his Wife* ("Portrait d'un noble javanais et de son épouse"), peint au XIXe siècle par l'artiste javanais Raden Saleh (1807-1880). (ARMA ; ☎ 0361-976659 ; www.armabali.com/museum ; Jl Raya Pengosekan ; adulte/enfant – 10 ans 100 000 Rp/gratuit ; 9h-18h)

Neka Art Museum
GALERIE

2 PLAN P. 120, C1

Offrant une bonne introduction à l'art balinais, ce musée impressionnant est constitué d'une série de pavillons et de halls. Ne manquez pas les salles du Balinese Painting Hall, qui donnent un aperçu des différents styles balinais : *wayang* (théâtre d'ombres), Ubud et Batuan (tous deux d'influence européenne, introduits dans les années 1920 et 1930). Le Lempad Pavilion, consacré aux œuvres du maître I Gusti Nyoman Lempad (1862-1978), et l'East-West Art Annexe, qui abrite des tableaux impressionnants d'Affandi (1907-1990) et de Widayat (1919-2002), sont aussi remarquables. (☎ 0361-975074 ; www.nekaartmuseum.com ; Jl Raya Sanggingan ; adulte/enfant – 12 ans 75 000 Rp/gratuit ; 9h-17h)

Museum Puri Lukisan
MUSÉE

3 PLAN P. 120, D4

C'est à Ubud que l'art moderne balinais est né, quand les artistes ont abandonné les thèmes purement religieux et les représentations de la cour royale pour des scènes de la vie quotidienne. Au cœur d'un jardin à la française, ce musée est agencé en 4 pavillons exposant des œuvres de toutes les écoles d'art balinais, à travers toutes les périodes. L'accent est porté sur les maîtres modernes : I Gusti Nyoman Lempad (1862-1978), Ida Bagus Made (1915-1999) et I Gusti Made Kwandji (1936-2013). Toutes les œuvres sont légendées en anglais. (Musée des Beaux-Arts ; ☎ 0361-971159 ; www.museumpurilukisan.com ; près de Jl Raya Ubud ; adulte/enfant - 11 ans 50 000 Rp/gratuit ; 9h-18h)

Sacred Monkey Forest Sanctuary
RÉSERVE NATURELLE

4 PLAN P. 120, D7

Aussi appelée Mandala Wisata Wanara Wana, cette poche de

jungle dense et fraîche abrite trois temples sacrés. La réserve est habitée par une colonie de macaques à fourrure grise et à longue queue, pas toujours commodes – ils peuvent mordre, soyez prudent en leur présence. Notez que les temples ne sont ouverts qu'aux fidèles. (Mandala Wisata Wanara Wana ; ☎ 0361-971304 ; www.monkeyforestubud.com ; Monkey Forest Rd ; adulte/enfant 3-12 ans 80 000/60 000 Rp ; ⏲ 9h-16h)

Pura Taman Saraswati
TEMPLE HINDOU

5 ◉ PLAN P. 120, D4

Des spectacles de danse se tiennent régulièrement le soir dans ce temple. (Jl Raya Ubud ; entrée libre)

Pura Gunung Lebah
TEMPLE HINDOU

6 ◉ PLAN P. 120, C4

Ce temple ancien, perché sur une saillie rocheuse à la confluence de deux affluents de la Sungai Cerik (*campuan* signifie "deux rivières"), a bénéficié d'une importante campagne de reconstruction. Le cadre est magique : écoutez le bruit de l'eau en admirant l'impressionnant *meru* (sanctuaire à plusieurs niveaux) et les sculptures, nombreuses et élaborées. (Près de Jl Raya Campuan)

Palais d'Ubud
PALAIS

7 ◉ PLAN P. 120, E4

Le palais et son temple, le **Puri Saren Agung** (angle Jl Raya Ubud

Pura Taman Saraswati

Massages, spas et yoga

Ubud regorge de salons de beauté et de spas où vous pourrez vous soigner, être dorloté, faire une cure de jouvence ou vous ressourcer physiquement et mentalement. La visite d'un spa fait partie de l'itinéraire de nombreux touristes. C'est une affaire qui marche et de nouveaux soins apparaissent chaque année. Les nombreux praticiens sont à la pointe des dernières tendances : préparez-vous à tester de nouvelles thérapies. Vous pouvez aussi faire appel à un *balian* (guérisseur traditionnel).

De nombreux spas proposent également des cours de thérapies, des traitements et des activités comme le yoga.

et Jl Suweta ; entrée libre), sont au cœur d'Ubud. La famille royale habite toujours cet ensemble, en grande partie construit après le tremblement de terre de 1917. Vous pouvez flâner dans la majeure partie de ce vaste espace et découvrir ses nombreux édifices traditionnels, sobrement décorés. Le pavillon principal accueille souvent des spectacles de danse en soirée. (Angle Jl Raya Ubud et Jl Suweta ; entrée libre ; 9h-19h)

Balinese Farm Cooking School

CUISINE

8 PLAN P. 120, F1

Passez une journée dans la campagne à 18 km au nord d'Ubud et apprenez les secrets de la cuisine balinaise. Ce cours vivement recommandé est organisé dans un village par des habitants passionnés d'agriculture biologique. Les élèves découvrent les produits et les plats locaux ; les cours du matin incluent la visite d'un marché. Cours véganes, végétariens et omnivores disponibles. (0812 3953 4446 ; www.balifarmcooking.com ; Banjar Patas, Taro ; cours adulte/enfant 400 000/250 000 Rp/jour)

Casa Luna Cooking School

CUISINE

9 PLAN P. 120, D5

Des sorties ou des cours de cuisine sont proposés chaque jour de la semaine dans cette école réputée associée au restaurant **Casa Luna** (plan p. 120, D4 ; 0361-977409 ; www.casalunabali.com ; Jl Raya Ubud ; plats 50 000-125 000 Rp ; 8h-23h ; P). Les cours d'une demi-journée couvrent toute une gamme de plats ; certains incluent la visite au marché. Une sortie au célèbre marché nocturne de Gianyar (3 heures) est proposée le jeudi et le vendredi et un cours sur l'alimentation comme seul médicament le samedi. (0361-973282 ; www.casalunabali.com/casa-luna-cooking-school ; Honeymoon

Guesthouse, Jl Bisma ; cours à partir de 400 000 Rp)

ARMA

CENTRE CULTUREL

10 PLAN P. 120, E8

Centre culturel proposant des cours de peinture, de sculpture sur bois et de batik, mais aussi de danse balinaise, d'hindouisme et d'architecture. (0361-976659 ; www.armabali.com/museum/cultural-workshops ; Jl Raya Pengosekan ; cours à partir de 25 $US ; 9h-18h)

Taksu Spa

SPA

11 PLAN P. 120, E5

L'un des spas les plus prisés d'Ubud, Taksu propose une longue liste de massages et de traitements, et se concentre sur le yoga. Salles privatives pour les massages en couple et café sain en plein air. (0361-479 2525 ; www.taksu.org ; Jl Goutama ; massages à partir de 450 000 Rp ; 9h-21h15)

Yoga Barn

YOGA

12 PLAN P. 120, E7

Incarnation de la déferlante yoga à Ubud, le Yoga Barn est installé dans un cadre boisé près d'une vallée fluviale. Comme son nom l'indique, vous trouverez dans cet immense espace un choix tout aussi vaste de cours de différents types de yoga. Il y a également un spa ayurvédique et un café en plein air. (0361-971236 ; www.theyogabarn.com ; en retrait de Jl Raya Pengosekan ; cours à partir de 130 000 Rp ; 7h30-20h15)

Se restaurer

Nasi Ayam Kedewatan

BALINAIS $

13 PLAN P. 120, A1

Peu d'habitants grimpent la colline par Sayan sans s'arrêter dans ce petit restaurant. Le *sate lilit*, poulet émincé parfumé avec toutes sortes d'épices, puis grillé sur des piques de bambou, est le plat le plus prisé. Il est servi avec les menus fixes *nasi ayam campur* (25 000 Rp) ou *nasi ayam pisah* (35 000 Rp). (0361-974795 ; Jl Raya Kedewatan 18 ; plats 25 000-35 000 Rp ; 8h-18h)

Hujon Locale

INDONÉSIEN $$

14 PLAN P. 120, E4

Le chef Will Meyrick est le génie culinaire qui se cache derrière le Mama San, à Seminyak. Son établissement à Ubud est tout aussi impressionnant. Les plats modernes et créatifs puisent dans les saveurs indonésiennes traditionnelles et le résultat est toujours délicieux. Dans un bungalow à étage chic de type colonial, le lieu, à la fois élégant et décontracté, est bien pensé : cocktails et en-cas dans le lounge au rez-de-chaussée ; déjeuner et dîner à l'étage. (0813 3972 0306 ; www.hujanlocale.com ; Jl Sriwedari 5 ; plats 120 000-200 000 Rp ; midi-22h ;)

Kafe

CAFÉ $$

15 PLAN P. 120, E6

Le genre d'adresse dont Ubud a le secret : décor plaisant, ambiance décontractée, personnel aimable et cuisine saine. L'imposante carte bio a de quoi séduire tous les palais, avec un très grand choix de plats véganes, végétariens et crus d'inspiration balinaise, indonésienne, indienne ou encore mexicaine. Bon rapport qualité-prix. (0361-479 2078 ; www.kafe-bali.com ; Jl Hanoman 44 ; sandwichs et wraps 55 000-89 000 Rp, plats 45 000-159 000 Rp ; 7h-22h ;)

Dumbo

VÉGÉTARIEN $$

16 PLAN P. 120, C2

Musique, mixologie et cuisine italienne sont au rendez-vous dans ce restaurant qui propose une offre spéciale sur les pizzas, cuites au feu de bois, à partir de 16h. Les serveurs expérimentés préparent un café et des cocktails aussi réussis que la cuisine. Cerise sur le gâteau : l'excellente playlist du DJ. (0812 3838 9993 ; www.dumbobali.com ; Jl Raya Sanggingan ; pizza 80 000-95 000 Rp, petites assiettes 55 000-80 000 Rp, grandes assiettes 85 000-180 000 Rp ; 9h-23h ; P)

Moksa

VÉGÉTARIEN $$

17 PLAN P. 120, A4

Installé dans sa ferme en permaculture, ce restaurant montre que l'on peut créer des repas extraordinaires à base de légumes préparés simplement. La moitié des plats sont crus ou mi-cuits ; beaucoup sont végans. Le cadre est bucolique et la cuisine ultramoderne – un contraste réussi. On y accède par un sentier au milieu des rizières : suivez les panneaux depuis Jl Raya Sayan. (0813 3977 4787 ; www.moksaubud.com ; Gang Damai, Sayan ; plats 70 000-85 000 Rp ; 10h-20h ;)

Watercress

CAFÉ $$

18 PLAN P. 120, D6

Les hipsters se pressent dans ce café moderne de style australien pour ses petits-déjeuners servis toute la journée, ses burgers, ses sandwichs à base de pain au levain, ses gâteaux maison ou encore ses salades gourmandes. Le très bon café et les cocktails (happy hour tous les jours de 17h à 19h, concerts le vendredi) sont d'autres raisons de s'y arrêter. (0361-976127 ; www.watercressbali.com ; Monkey Forest Rd ; petit-déj 45 000-90 000 Rp, sandwichs 65 000-75 000 Rp, plats 90 000-290 000 Rp ; 7h30-23h ;)

Uma Cucina

ITALIEN $$

19 PLAN P. 120, C1

Ce restaurant italien a tout pour plaire. Il propose un menu fixe d'antipasti à midi (8 antipasti, 299 000 Rp), un thé dînatoire copieux l'après-midi (200 000 Rp) et des pizzas cuites au feu de bois, des pâtes maison, des classiques italiens et d'excellents desserts le soir. Le dimanche, le brunch (à partir de 399 000 Rp), avec son buffet et ses animations pour enfants, est prisé des familles. (0361-972448 ; www.comohotels.com/en/umaubud/dining/uma-cucina ; Como Uma

Ubud, Jl Raya Sanggingan 21 ; pizzas 100 000-180 000 Rp, plats 110 000-240 000 Rp ; 12h-22h ;)

Pica

SUD-AMÉRICAIN **$$$**

20 PLAN P. 120, E5

Très appréciée, cette petite table contemporaine aux accents sud-américains est l'une des meilleures d'Ubud. Dans la cuisine ouverte, des plats créatifs à base de viande et de poisson sont à l'honneur – sans oublier les plats du jour. Le dessert aux trois laits (*tre leche*) est un délice. Réservation conseillée. (0361-971660 ; www.facebook.com/PicaSouthAmericanKitchen ; Jl Dewi Sita ; plats 170 000-330 000 Rp ; 18h-22h jeu-sam ;)

Room4Dessert

DESSERTS **$$$**

21 PLAN P. 120, C1

Le célèbre chef américain Will Goldfarb, qui s'est fait connaître grâce à l'émission *Chef's Table*, gère un établissement qui, s'il ne servait pas de desserts, pourrait s'apparenter à une discothèque ! Ici, on réserve longtemps à l'avance (prévoyez au moins un mois) pour savourer un menu composé de 9 plats et accompagné de cocktails/cocktails sans alcool/vin. (R4D ; 0813 3705 0539 ; www.room4dessert.com ; Jl Raya Sanggingan ; menu dégustation dessert et cocktail 1 290 000 Rp ; 17h-23h mar-dim)

Plats de la Casa Luna Cooking School (p. 124)

Savoir-vivre balinais

Bali a la réputation bien méritée d'être un lieu de décontraction. Raison de plus pour respecter ses habitants, très tolérants à condition que vous fassiez preuve de politesse. Soyez conscient et respectueux des sensibilités locales et habillez-vous et comportez-vous de façon appropriée, surtout dans les villages et sur les sites religieux. En cas de doute, faites preuve de pudeur et de modestie.

À faire et à ne pas faire

- Même si de nombreux habitants sont en short et en minijupe, il reste très mal vu de porter des habits peu couvrants et de se promener torse nu en buvant une bière.
- De nombreuses touristes se font bronzer seins nus sur les plages de Bali, alors que la nudité des étrangers met mal à l'aise les Balinais.
- Ne touchez jamais la tête de quelqu'un. Considérée comme le siège de l'âme, elle est sacrée.
- Utilisez votre main droite pour donner un objet ou, mieux encore, les deux mains. Ne vous servez pas uniquement de la gauche, considérée comme impure.
- Ne parlez pas avec les mains sur les hanches, c'est un signe de mépris, de colère ou d'agressivité (comme en témoignent les danses et les opéras traditionnels).
- Pour faire signe à quelqu'un, agitez votre main tendue vers le bas. Les manières occidentales sont considérées comme très impolies.
- Ne faites pas de promesses de cadeaux, de livres et de photographies non tenues. Les habitants risquent d'ouvrir chaque jour leur boîte aux lettres ou leur boîte mail et d'être dépités.
- Couvrez vos épaules et vos genoux dans les temples ou les mosquées. À Bali, un *selandang* (foulard traditionnel) ou une écharpe et un sarong sont proposés moyennant un modeste don ; leur prêt peut aussi être inclus dans le billet d'entrée.
- Les femmes ne doivent pas entrer dans les temples quand elles ont leurs règles, sont enceintes ou viennent d'accoucher. Elles sont alors considérées comme *sebel* ("impures" au sens religieux).
- Ne vous placez jamais plus haut qu'un prêtre, notamment lors des fêtes (en montant sur un mur pour prendre des photos par exemple).
- Ôtez vos chaussures avant d'entrer dans une mosquée.

Kubu

MÉDITERRANÉEN $$$

22 PLAN P. 120, A1

Version chic de la hutte en bambou balinaise du même nom, le premier restaurant du complexe hôtelier Mandapa offre une expérience romantique inoubliable. Réservez une table dans la salle principale ou optez pour un cocon privé surplombant l'Ayung. La cuisine méditerranéenne du chef Maurizio Bombini est aussi délicieuse que le cadre et le service. Il faut réserver longtemps à l'avance. (0361-4792777 ; www.ritzcarlton.com/en/hotels/indonesia/mandapa/dining ; Mandapa Resort, Jl Kedewatan, Kedewatan ; plats 310 000-500 000 Rp, menus dégustation sans vins 890 000-1 250 000 Rp ; 18h30-23h)

Mozaic

FUSION $$$

23 PLAN P. 120, C2

Le chef Chris Salans revisite la cuisine française en y intégrant des influences d'Asie tropicale et adapte sa carte en fonction des saisons. Dînez dans un élégant jardin à l'éclairage romantique ou dans un pavillon. Les menus dégustation sont imposés, mais vous pouvez aussi vous limiter à des tapas dans le lounge (à partir de 17h). Déjeuner en haute saison uniquement. (0811-3943-288 ; www.mozaic-bali.com ; Jl Raya Sanggingan ; menu dégustation déj 450 000-650 000 Rp, menu dégustation dîner 650 000-1 700 000 Rp ; 13h-21h ;)

Prendre un verre

Bridges

LOUNGE

24 PLAN P. 120, C4

Ce bar-restaurant à plusieurs étages, situé à côté de ponts, offre une vue imprenable sur les gorges de la rivière. On entend l'eau s'écouler en contrebas pendant que l'on savoure un cocktail. Il y a des amuse-bouches gastronomiques à partager et une longue carte des vins à découvrir. (0811 388 174 ; www.bridgesbali.com ; Jl Raya Campuan, Bridges Bali ; 16h-23h30 tlj, happy hour 16h-18h30 sam-jeu)

Night Rooster

BAR À COCKTAILS

25 PLAN P. 120, E5

Créé par la même équipe que le **Locavore** (0361-977733 ; www.locavore.co.id ; Jl Dewi Sita ; menu dégustation sans/avec boissons 1 250 000/1 800 000 Rp ; 18h-22h mer-jeu, 12h-14h30 et 18h-22h ven-sam, 12h-15h dim ; P), ce bar à cocktails voisin est tenu par un mixologue de talent qui réalise des cocktails originaux à base d'ingrédients comme un gin infusé au fruit de jacquier, des amers maison ou encore de l'écorce de casse flambée. Pour les accompagner, bon choix de hors-d'œuvre ainsi que des plateaux de fromages et de charcuterie. (0361-977733 ; www.locavore.co.id/nightrooster ; Jl Dewi Sita 10B ; 16h-tard lun-sam)

Informations touristiques

Le **Fabulous Ubud Tourist Information Centre** (plan p. 120, E4 ; 0361-971877 ; www.fabulousubud.com ; Jl Raya Ubud ; 8h-20h ;), géré par la famille royale d'Ubud, est le seul office de tourisme vraiment compétent à Ubud. Il fournit de nombreuses informations à jour sur les événements, les cérémonies et les danses traditionnelles dans la région ; on y vend des tickets pour ces spectacles et pour les excursions.

Sweet Orange Warung — CAFÉ

26 PLAN P. 120, D3

Emplacement idyllique au milieu d'une rizière à quelques pas du centre-ville. Avec pour musique d'ambiance le bruit de l'eau qui coule dans les canaux d'irrigation, le chant des oiseaux et les enfants qui jouent, c'est un endroit merveilleux pour un verre ou un repas simple. Au menu des boissons : café, bière et jus de fruits frais. (0813 3877 8689 ; Jl Subak Juwak ; 11h-18h)

Coffee Studio Seniman — CAFÉ

27 PLAN P. 120, E4

Les serveurs de cet établissement aiment s'essayer à différents styles de cafés. Installé dans un fauteuil design, faites votre choix entre la cafetière, le siphon, l'Aeropress, l'infusé à froid ou l'expresso, tous réalisés à partir de cafés indonésiens de qualité. L'endroit est aussi prisé pour sa cuisine (plats 43 000-111 000 Rp). (0361-972085 ; www.senimancoffee.com ; Jl Sri Wedari 5 ; 8h-22h ;)

Seniman Spirits — BAR

28 PLAN P. 120, E4

Les créateurs de la marque de café Seniman ont récemment ouvert ce bar à côté de leur "coffee studio". Désormais l'une des adresses les plus à la mode d'Ubud, on vient pour y siroter des cocktails tels que le très apprécié martini expresso. (Bar Seniman ; 0361 972085 ; www.senimancoffee.com ; Jl Sri Wedari 9-13 ; 17h-minuit)

No Màs — BAR

29 PLAN P. 120, D6

DJs et groupes latinos mettent l'ambiance tous les soirs dans ce petit bar situé dans l'une des rues principales de la ville. La température monte vite sur la piste de danse. Soirées à thème occasionnelles. (0361-9080800 ; www.nomasubud.com ; Monkey Forest Rd ; 17h-1h)

Sortir

Paradiso — CINÉMA

30 PLAN P. 120, E5

Partageant le même toit que le café végane **Earth Cafe & Market** (0361 976546 ; www.earthcafebali.com ; plats 79 000-98 000 Rp ; 7h-22h ;), cette salle de

150 places étonnamment chic projette deux films par jour. Le prix de l'entrée est d'autant plus raisonnable qu'il permet de consommer ce que propose la carte du café. Des événements ont lieu tout au long de la semaine : moitié-prix le lundi, ou encore chorale le mardi et le jeudi. Plus de détails sur le site Internet. (0811-3991 718 ; www.paradisoubud.com ; Jl Gautama Selatan ; 50 000 Rp avec plats ou boissons ; films à partir de 17h)

Pura Dalem Ubud

DANSE

31 PLAN P. 120, D4

Dans l'enceinte d'un temple, ce décor en plein air, aux pierres sculptées éclairées par des flambeaux, est un endroit évocateur pour assister à un spectacle de danse. Différentes troupes s'y produisent : *legong* (19h30 mardi et samedi), *jegog* (19h30 mercredi), Barong (19h jeudi) et danse du feu *kecak* (19h30 lundi et vendredi). (Jl Raya Ubud 23 ; adulte/enfant - 10 ans 80 000/40 000 Rp ; 9h-17h)

Pura Taman Saraswati

DANSE

32 PLAN P. 120, D4

La beauté du cadre peut distraire des spectacles même si, la nuit, on ne voit pas les fleurs de nénuphars et de lotus qui font, de jour, le grand charme de ce palais aquatique. Au programme : danse *Janger* le dimanche et le lundi, ballets du Ramayana le mercredi et *legong* le samedi. Le mardi et le jeudi, les femmes jouent du gamelan et les enfants dansent. (Jl Raya Ubud ; 80 000 Rp ; 19h30)

Spectacle de danse Barong au Pura Dalem Ubud

Padang Tegal Kaja

DANSE

33 PLAN P. 120, E5

Lieu sans prétention, en plein air, dans un endroit pratique, où des spectacles de danse sont présentés de manière identique depuis des générations. Assistez à la danse du feu le samedi et le dimanche, ou à la danse de Barong et Keris le mardi. (Jl Hanoman 20 ; 75 000 Rp ; 19h30)

ARMA Open Stage

DANSE

Faisant partie du centre culturel ARMA (voir 10 plan p. 120), l'Open Stage accueille certaines des meilleures troupes de danse de Barong et de *legong*. Les spectacles

La magie de la danse

Il n'y a rien de plus magique qu'un spectacle de danse balinaise, surtout à Ubud et dans les villages voisins. Découvrez le *kecak*, le *legong*, la danse de Barong, des ballets tirés du *Mahabharata* ou du *Ramayana*, le *wayang kulit* (théâtre d'ombres) et la musique du gamelan (orchestres traditionnels javanais et balinais).

Les danses proposées aux visiteurs sont généralement adaptées et raccourcies, mais les habitants les apprécient tout de même également. Il est aussi courant qu'un spectacle réunisse plusieurs danses traditionnelles. Vous trouverez sur le site Web Ubud Now & Then (www.ubudnowandthen.com) les horaires des manifestations et des spectacles. Renseignez-vous aussi auprès de l'office du tourisme d'Ubud (p. 130).

Les meilleures troupes de danse

Toutes les troupes de danse d'Ubud ne se valent pas. Parmi les excellentes troupes qui se produisent régulièrement à Ubud :

Semara Ratih Interprétations du *legong* créatives et pleines d'énergie. La meilleure troupe locale sur le plan musical.

Gunung Sari Troupe de *legong*. L'une des plus anciennes de Bali et des plus réputées.

Semara Madya Troupe de *kecak*, remarquable dans les psalmodies hypnotiques des singes. Une expérience mystique pour certains.

Tirta Sari Troupe de *legong*.

Cudamani L'un des meilleurs orchestres de gamelan de Bali. Répète à Pengosekan, gère une école pour enfants et fait des tournées internationales. Il ne se produit plus dans les lieux touristiques.

PETE SEAWARD / LONELY PLANET ©

Spectacle de danse dans un temple d'Ubud

ont lieu le mardi et le dimanche à 19h30, le mercredi à 19h et le vendredi à 18h. Les soirs de nouvelle ou de pleine lune, une transe et danse du feu *cak rina* se tient à 19h30. (☎0361-976 659 ; info@armabali.com ; Jl Raya Pengosekan ; spectacles de danse 80 000-100 000 Rp)

Pondok Bamboo Music Shop THÉÂTRE DE MARIONNETTES

34 PLAN P. 120, E7

Des spécialistes du théâtre d'ombres proposent des spectacles assez courts. (☎0361-974807 ; Monkey Forest Rd ; billets 75 000 Rp ; 9h-23h)

Shopping

Threads of Life Indonesian Textile Arts Center TISSUS

35 PLAN P. 120, E4

Cette petite galerie de textile doublée d'une boutique fait la promotion des tissus indonésiens naturellement teints et faits à la main. Elle a pour but de préserver les techniques traditionnelles de teinture et de tissage. Les tissus commandés sont exposés dans la galerie et font l'objet de commentaires très instructifs. D'autres sont disponibles à l'achat. Des **cours** (cours de 2 heures 200 000-400 000 Rp ; 10h-19h) de découverte du textile sont régulièrement organisés. (☎0361-

Ne jetez pas votre bouteille d'eau

Le nombre de bouteilles en plastique vides jetées aux ordures à Bali est colossal. Ubud compte des endroits où vous pourrez remplir la vôtre (en plastique ou autre) moyennant une petite somme : généralement 3 000 Rp pour une grande bouteille, 2 000 Rp pour une petite ; vous contribuerez ainsi à préserver la beauté de Bali. L'eau sera celle de la marque locale Aqua. **Pondok Pekak Library & Learning Centre** (plan p. 120, E5 ; ☎0361-976194 ; www.facebook.com/pg/pondokpekak ; accessible depuis Monkey Forest Rd ; 🕘9h-17h lun-sam) est une bonne adresse centrale pour remplir votre bouteille.

972187 ; www.threadsoflife.com ; Jl Kajeng 24 ; 🕘10h-19h)

Kou COSMÉTIQUES

36 PLAN P. 120, E5

Emportez avec vous les senteurs de Bali avec ces savons fabriqués à base d'huile de coco pure : frangipanier, tubéreuse, jasmin, orange ou encore arbre à thé citronné. Leur bel emballage en fait des cadeaux idéals. Il y a aussi une boutique Kou Cuisine. (☎0812 3935 2507 ; www.kou-bali.com ; Jl Dewi Sita 9 ; 🕘9h-20h)

Neka Art Museum Shop LIVRES, SOUVENIRS

Le Neka Art Museum (voir 2 plan p. 120) est l'une des meilleures adresses à Ubud pour trouver des objets d'artisanat traditionnel de qualité. Vend aussi des livres. (☎0361-975034 ; www.museumneka.com ; Jl Raya Sanggingan ; 🕘9h-17h)

BaliZen TISSUS

37 PLAN P. 120, D6

Cette boutique élégante propose des coussins, du linge de maison, des kimonos et des vêtements pour enfants. Tous sont fabriqués localement à partir de tissus aux motifs traditionnels balinais ou inspirés de la nature. On y trouve aussi des produits de bain naturels et des parapluies balinais. (☎0361-976022 ; www.tokobalizen.com ; Monkey Forest Rd ; 🕘10h-18h)

Ganesha Bookshop LIVRES

38 PLAN P. 120, F5

Une librairie offrant une sélection de titres sur des sujets liés à l'Indonésie ainsi qu'un grand choix de livres d'occasion, notamment de romans policiers. Propose également un service (payant) d'échange de livres. (☎0361-970320 ; www.ganeshabooksbali.com ; Jl Raya Ubud ; 🕘9h-18h)

Namaste CADEAUX ET SOUVENIRS

39 PLAN P. 120, E6

L'endroit idéal pour acheter toute la panoplie New Age : cristaux, encens, tapis de yoga, musique d'ambiance, etc. (☎ 0361-970528 ; www.facebook.com/namastethespiritualshop ; Jl Hanoman 64 ; 9h-19h)

Pondok Bamboo Music Shop

INSTRUMENTS DE MUSIQUE

Un millier de carillons en bambou vous accueille dans cette boutique (voir **34** plan p. 120) tenue par un musicien de gamelan réputé, Nyoman Warsa. Cours de musique. (☎ 0361-974807 ; Monkey Forest Rd ; cours de musique 150 000-200 000 Rp/heure 9h-23h)

Balitaza

ÉPICES

40 PLAN P. 120, E5

Sucre de coco, café balinais traditionnel, infusions, herbes et épices indonésiennes... Les nombreux produits naturels en vente dans cette boutique sont joliment présentés et constituent des cadeaux faciles à rapporter chez soi. (☎ 0811 393 9499 ; www.balitaza.com ; Jl Dewi Sita ; 9h30-21h30)

Utama Spice

COSMÉTIQUES

41 PLAN P. 120, D7

L'odeur des produits naturels d'Utama se répand jusque dans la rue. Les huiles essentielles et autres cosmétiques sont chers mais raffinés, et ne contiennent ni parabènes, ni huiles minérales, ni parfums de synthèse, ni colorants artificiels. (☎ 0361-9081 572 ; www.utamaspicebali.com ; Monkey Forest Rd ; 9h-19h)

Confiture de Bali

ALIMENTATION

42 PLAN P. 120, E5

Des confitures confectionnées à partir des fruits de Bali, des beurres (de noix de cajou, de citron et de cacahuète) et du *kombucha* sont en vente dans cette jolie boutique. (☎ 0852 3884 1684 ; www.confituredebali.net ; Jl Goutama 26 ; 9h-22h)

Explorer

Est de Bali

Dans l'est de Bali, des rizières en terrasse dévalent les collines, des vagues puissantes déferlent sur des plages sauvages et volcaniques, et des villages traditionnels dépourvus de toute trace de modernité subsistent. Le Gunung Agung (3 142 m), volcan actif surnommé "le nombril du monde" ou "la montagne mère", veille sur la région.

Notre sélection

- ***Pura Lempuyang (p. 139)***. *Visiter des temples majeurs et admirer une vue panoramique au cours d'une randonnée magique.*
- ***Sidemen (p. 142)***. *Traverser des rizières verdoyantes au cœur de cette vallée magnifique.*
- ***Vie de village (p. 142)***. *Passer du temps dans l'un des villages le long de la très belle côte est ou à l'intérieur des terres.*
- ***Tulamben (p. 142)***. *Plonger dans des eaux bleues pour explorer une épave au large de la plage.*
- ***Marché nocturne de Gianyar (p. 141)***. *Goûter des spécialités locales savoureuses dans l'un des meilleurs marchés nocturnes de Bali.*

Comment y aller et circuler

🚗 Un véhicule est indispensable. La route côtière relie la plupart des sites d'intérêt de l'est de Bali.

🚌 Des services de bus touristiques circulent depuis/vers le sud de Bali, la ville portuaire de Padangbai et l'enclave touristique de Candidasa.

Plan de l'est de Bali p. 138

Plongeur devant l'épave du *Liberty* (p. 142)

A
B
C
D
E
F
1
2
3
4
Pempatan
Besakih
1 Pura Besakih
Pidpid
18
15
Abang
Ngis
2 Pura Lempuyang
Bung Bung Adventure Biking 5
10 Taman Tirta Gangga
Krotok
Budakeling
13
Sebatu
Muncan
Rendang
Selat
Jungutan
Peladung
Duda
Bebandem
Sungai Pakerisan
Sungai Telagawaja
Sungai Unda
Ceking
Demulih
Bangli
Sekar
Iseh
Putung
Sibetan
Subagan
Bungaya
Tenganan
Asak
Sungai Petanu
Bukit Jambal
12
Sidemen
Tabola
Sungai Buu
Perasi
Manggis
Sangai Betel
Coast Rd
Sengkidu
8
Col de Pura Gamang
Pejeng
Tanah Ampo
Buitan
Candidasa
16
Gili Mimpang
Gili Tepekong
Bedulu
Sidan
Tihingan
6 Kertha Gosa
Klungkung (Semarapura)
17
Padangbai
Blue Lagoon Beach 4
Teluk Amuk
Gianyar
11
Peteluan
3
9 Marché de Semarapura
Lawah
Tulikup
Banda
Puri Agung Semarapura
Kusamba
Belega
Kemenuh
Siyut
Coast Rd
Lebih
7 Pantai Lebih
Selat Lombok
Pantai Keramas
14
Nos adresses
Voir p. 139
Se restaurer p. 141
Prendre un verre p. 143
N
0
5 km

Voir

Pura Besakih

TEMPLE HINDOU

1 PLAN P. 138, C1

Juché à près de 1 000 m d'altitude sur le flanc du Gunung Agung, le Pura Besakih est le temple hindou le plus important de Bali. Il s'agit d'un vaste ensemble de 23 temples reliés entre eux, le plus grand et le plus révéré étant le Pura Penataran Agung, construit sur 6 niveaux qui épousent la pente. Son *candi bentar* (portail en deux parties) est imposant ; les touristes ne sont pas autorisés à l'intérieur. Des fêtes s'y tiennent régulièrement mais les récentes éruptions volcaniques ont fait diminuer le nombre de fidèles et de visiteurs. (60 000 Rp, parking 5 000 Rp)

Pura Lempuyang

TEMPLE HINDOU

2 PLAN P. 138, F1

L'un des plus sacrés de l'île, cet ensemble de 7 temples (avec le Pura Besakih, ce sont les plus importants de l'est de Bali) jouit d'un cadre spectaculaire, sur les pentes arides du Gunung Lempuyang, à 10 km au nord-est de Tirta Gangga. (Gunung Lempuyang ; dons appréciés, parking voiture/scooter 2 000 Rp/gratuit ; 24h/24)

Puri Agung Semarapura

PALAIS

3 PLAN P. 138, B3

Quand la dynastie Deva Agung s'installa ici en 1710, elle fit construire ce palais. De forme carrée, le palais comportait des cours, des jardins, des pavillons

Pura Besakih

et des douves. La majeure partie du palais et des dépendances fut détruite lors de l'attaque néerlandaise de 1908 ; ne subsistent que le Pemedal Agung et ses sculptures, la porte du côté sud, le **Bale Kambang** (pavillon flottant ; entrée incluse dans le billet du palais) et le Kertha Gosa. (Palais de Klungkung ; Jl Untung Surapati ; adulte/enfant 12 000/6 000 Rp ; 🕑8h-18h)

Blue Lagoon Beach PLAGE

4 ◉ PLAN P. 138, D3

De l'autre côté de la pointe est de Padangbai, à environ 500 m à pied du centre-ville, cette petite plage de sable clair adaptée à la baignade en famille est dotée de quelques *warung*.

Taman Tirta Gangga

MICHELE FALZONE / GETTY IMAGES ©

Taman Tirta Gangga JARDINS

5 ◉ PLAN P. 138, E1

Ce palais aquatique d'1,2 ha rappelle l'âge d'or de l'ancien Bali. Édifié pour le dernier raja de Karangasem en 1946, il fut presque entièrement détruit par l'éruption du mont Agung en 1963, mais il a été reconstruit par la suite. Admirez la fontaine Nawa Sanga à 11 niveaux et les bassins peuplés d'énormes carpes koïs et de fleurs de lotus, puis enjambez le gué de pierres rondes. Vous pouvez aussi vous baigner dans l'immense piscine d'eau douce en pierre. (Jl Abang-Amplapura ; adulte/enfant 30 000/15 000 Rp, baignade 5 000 Rp, parking voiture/scooter 5 000/1 000 Rp ; 🕑8h-18h)

Kertha Gosa ÉDIFICE HISTORIQUE

6 ◉ PLAN P. 138, B3

Dans le coin nord-est du Puri Agung Semarapura, ce pavillon ouvert était la cour suprême du royaume de Klungkung, où l'on jugeait les conflits qui n'avaient pas pu se résoudre à l'échelle des villages. Superbe exemple d'architecture Klungkung, son plafond est entièrement couvert de peintures de style Kamasan (ou Wayang) du XXe siècle. Remplaçant les peintures d'origine sur tissu du XIXe siècle, qui s'étaient détériorées avec le temps, elles illustrent l'histoire de Garuda, entre autres scènes. (Palais de justice ; Jl Kenanga 11, Semarapura Kelod ; entrée incluse dans le billet du palais ; 🕑8h-18h)

Pantai Lebih
PLAGE

7 PLAN P. 138, B4

Juste à côté de la route principale, Lebih Beach est une plage constellée de mica. Des bateaux de pêche sont alignés le long du rivage et l'air fleure bon le poisson cuit au barbecue, émanant d'une série de *warung* à même la plage ; c'est l'endroit idéal pour déjeuner.

Pantai Pasir Putih
PLAGE

8 PLAN P. 138, B4

Autrefois simple mouillage des pêcheurs locaux, la plage secrète la plus prisée de Bali est devenu un site touristique avec *warung* et cafés à toit de chaume. Les stands de souvenirs envahissent les abords du parking et les transats s'alignent sur le sable. Baignade sans risque et location de matériel de snorkeling.

Marché de Semarapura
MARCHÉ

9 PLAN P. 138, B3

Le marché de Klunkgkung est un lieu d'échanges animé pour les habitants de la région. On peut facilement passer une heure à déambuler dans le labyrinthe des étals répartis sur 3 niveaux et dans les rues alentour. Tout n'est pas d'une propreté impeccable, mais la visite est fascinante ! Les immenses paniers en paille remplis de produits frais illuminent de leurs couleurs vives le chaos ambiant. Vous y trouverez aussi des bijoux et des ikats (pour une fraction du prix habituel). Le matin est le moment idéal pour s'y rendre. (Angle Jl Diponegoro et Jl Puputan ; 6h-18h)

Bung Bung Adventure Biking
VÉLO

10 PLAN P. 138, E1

Dévalez les pentes au milieu des somptueuses rizières et des vallées des environs de Tirta Gangga. Cette compagnie locale propose des circuits guidés ; VTT et casque fournis. Leur bureau se trouve dans le Homestay Rijasa, face à l'entrée du Taman Tirta Gangga. Réservez. (0363-21873, 0813 3840 2132 ; bungbungbikeadventure@gmail.com ; Homestay Rijasa, Jl Abang-Amlapura ; circuits 2h 300 000 Rp)

Se restaurer

Marché nocturne de Gianyar
MARCHÉ $

11 PLAN P. 138, A3

Le bruit des marmites et l'éclat des lumières ajoutent à la clameur festive et à l'animation du charmant *pasar malam* (marché nocturne) de Gianyar, où l'on trouve l'une des meilleures cuisines de rue de Bali. Tous les soirs, des dizaines de stands s'installent le long de la rue principale et servent des plats aussi appétissants que stupéfiants, comme le délicieux *babi guling* (cochon de lait farci au piment, curcuma, ail et gingembre). (Pasar Senggol Gianyar ; Jl Ngurah Rai ; plats à partir de 15 000 Rp ; 15h-22h)

Villages de l'est de Bali

Padangbai

Cette petite ville au bord de la plage est le port des ferries publics qui relient Bali à Lombok et Nusa Penida, ainsi que des bateaux rapides partant pour Lombok et les îles Gili. Lorsqu'elle n'est pas inondée de voyageurs en transit, son rythme est paisible et ses hébergements, restaurants et bars visent une clientèle de routards et de plongeurs.

Tulamben

La principale attraction de Tulamben a coulé il y a plus de 60 ans. L'épave du cargo américain *Liberty* compte parmi les meilleurs et les plus prisés des sites de plongée de Bali, et la ville, qui était auparavant un petit village de pêcheurs, s'est développée autour de cette activité. On peut même observer l'épave et les coraux avec palmes et tuba.

Sidemen

À Sidemen (prononcé Si-da-men), une promenade est toujours l'occasion d'une communion avec la nature. Serpentant à travers l'une des plus belles vallées de Bali, la route de Sidemen offre un merveilleux panorama de rizières, une délicieuse atmosphère rurale et une vue extraordinaire sur le Gunung Agung (quand le ciel est dégagé).

Dapur Kapulaga

BALINAIS $

12 PLAN P. 138, C2

Servant une majorité de classiques occidentaux et balinais, à base d'ingrédients bio, ce *warung* agréable et bien tenu, avec son sol carrelé à damiers caractéristique, est un bon choix. Il ne sert pas d'alcool mais prépare un excellent cocktail *Sidemen Cooler*. En face de l'Alamdhari Resort & Spa. (0852 3861 5775 ; Jl Raya Tebola ; plats 32 000-50 000 Rp ; 12h-22h ;)

Bali Asli

BALINAIS $$

13 PLAN P. 138, E2

Les vertes collines des environs d'Amlapura sont parmi les plus belles de tout l'est de Bali. La cheffe australienne Penelope Williams profite de ce fabuleux panorama dans son restaurant élégant et son école de cuisine. Les produits frais issus de son potager entrent dans la composition de repas explorant la gamme des saveurs balinaises et indonésiennes. Vous y dégusterez peut-être votre meilleur *nasi campur*. (0822 3690 9215 ; www.baliasli.com.au ; Jl Raya Gelumpang, Gelumpang ; nasi campur 165 000-228 000 Rp ; 10h-18h lun, mar et ven-dim ;)

Hotel Komune Beach Club

INTERNATIONAL $$

14 PLAN P. 138, A4

Bonne nouvelle pour ceux qui voyagent le long de la côte est de Bali : le restaurant, le bar, la piscine et le cinéma en plein air de l'Hotel Komune Beach Club ne sont pas réservés aux clients de l'hôtel. La carte du restaurant est variée : burgers, sandwichs, pizzas, pâtes et plats indonésiens. Il y a également des menus spéciaux pour les véganes et les enfants. (0361-301 8888 ; www.komuneresorts.com/keramasbali/beach-club ; sandwichs et burgers 39 000-105 000 Rp, plats 90 000-250 000 Rp ; 6h30-23h ;)

Warung Enak

BALINAIS **$$**

15 PLAN P. 138, F1

Les propriétaires Komang et Wayan utilisent les produits de leur potager bio pour concocter de délicieux plats dans leur cuisine animée. Au menu : des spécialités balinaises – un savoureux *ikan kare* (curry de poisson), des satays et un *gado-gado* – mais aussi des classiques occidentaux comme les pizzas et les pâtes. Le gâteau de riz noir est un dessert prisé. Jus de fruits, bières et vin au verre ou à la bouteille. (0819 1567 9019 ; Jl I Ketut Natih, Amed ; plats 55 000-80 000 Rp ; 7h30-22h ;)

Vincent's

INTERNATIONAL **$$**

16 PLAN P. 138, E3

Faisant partie des meilleurs restaurants de l'est de Bali, le Vincent's comprend plusieurs espaces en plein air et un grand jardin sur l'arrière. Le bar agréable accueille des concerts de jazz le lundi (haute saison uniquement) et le jeudi (toute l'année), à partir de 19h. Quant à la carte, elle associe sandwichs, salades, classiques balinais et divers plats occidentaux – le dessert "Coconut Texture" est très apprécié. (0363-41368 ; www.vincentsbali.com ; Jl Raya Candidasa ; plats 85 000-190 000 Rp ; 13h-21h ;)

Prendre un verre

Omang Omang

BAR

17 PLAN P. 138, D3

Une clientèle d'habitués et de gens de passage se croise dans cet agréable restaurant, bar et salle de concerts. Grignotez des sandwichs grillés, des tacos, des burgers ou des spécialités indonésiennes, accompagnés d'une Bintang fraîche, avant de danser au rythme des concerts de blues le lundi soir. Bon café. (0363-438 1251 ; omang-omang-bar-and-diner.business.site ; Jl Silayukti 12 ; 7h30-12h)

Wawa-Wewe I

BAR

18 PLAN P. 138, E1

Ce bar, le plus animé de la côte (autrement dit : parfois bruyant selon les critères en vigueur ici), programme des groupes locaux à partir de 20h les mercredis, vendredis et dimanches soir. (0363 23506 ; Lipah ; 7h-23h ;)

Vaut le détour

Gili Trawangan

Gili Trawangan (Gili T) est une destination de renommée mondiale. Sa rue principale est une succession de bars, restaurants, boutiques *et* guesthouses*. Mais derrière cette façade tape-à-l'œil, l'île conserve un caractère bohème, avec ses* warung *bringuebalants et ses bistrots reggae qui subsistent entre les bars à cocktails, et ses refuges tranquilles sur la côte nord moins fréquentée.*

Comment y aller

Divers points de départ sur Bali (pour des trajets de 45 min à 2 heures 30) dont Sanur, Benoa Harbour et Padangbai. Les tarifs et les horaires varient ; plus de détails sur Gili Bookings (www.gilibookings.com).

Plages

Gili T est presque entièrement frangée de plages de sable. La section principale, bordée de bars, peut être bondée, mais il suffit de marcher vers le nord, le sud et l'ouest pour découvrir de belles plages, propices à la baignade et au snorkeling. Vous trouverez le calme le long des côtes ouest et nord.

Plongée et snorkeling

Trawangan compte de nombreuses écoles professionnelles de plongée avec bouteilles ou en apnée. La plupart des écoles et des centres de plongée possèdent de bons hébergements destinés à leurs clients. Les critères de sécurité sont assez stricts, mais devant la multiplication des écoles de plongée, certaines ont fondé la Gili Island Divers Association (GIDA). Nous recommandons de plonger avec des centres GIDA, qui organisent chaque mois des réunions sur la protection de l'environnement et l'impact écologique de la plongée.

Près de la plage, à 200 m au nord du débarcadère, le corail n'est pas florissant, mais les innombrables poissons et tortues rendent le snorkeling plaisant. Le récif est en meilleur état près de la côte nord-ouest, même si à marée basse vous devrez marcher sur des coraux morts et coupants pour le rejoindre (prévoyez des sandales en plastique).

Vie nocturne

Gili T compte beaucoup d'excellents bars de plage. Des fêtes ont lieu plusieurs fois par semaine dans des établissements phares comme le **Tir na Nog** (☎0370-619 5461 ; www.tirnanogbar.com ; Jl Raya, Trawangan ; ⏲7h-2h jeu-mar, 7h-3h mer ; 📶). Le secteur au sud de la jetée est le centre d'une vie nocturne tapageuse, et d'anciens bars s'y transforment en discothèques.

★ À savoir

- Trawangan s'apprécie à pied ou à vélo. Vous pouvez faire le tour de l'île en 2 heures à pied – la colline à la pointe sud-ouest offre une splendide vue au coucher du soleil sur le Gunung Agung.
- À marée basse, de larges portions des côtes ouest et nord sont parsemées de rochers et de coraux près de la surface.

✕ Une petite pause ?

À Gili T, on trouve des bars élégants, des restaurants de cuisine indonésienne fusion et beaucoup de cafés sains. Le soir, de nombreux établissements le long de la rue principale font griller d'excellents poissons et fruits de mer frais. Le meilleur *warung* traditionnel de Gili T, **Warung Dewi** (☎0370 619 5461 ; Jl Kardinal ; plats 25 000-35 000 Rp ; ⏲8h-21h), n'est qu'à quelques pas de là.

Carnet pratique

Masque traditionnel de Barong (p. 132) TROPICAL STUDIO / SHUTTERSTOCK ©

Avant de partir

Hébergement

Bali dispose d'un grand choix d'hébergements d'un bon rapport qualité/prix pour tous les budgets. En août et à Noël, réservez au moins trois mois à l'avance.

Maisons d'hôtes et guesthouses Ces hébergements confortables chez l'habitant permettent une immersion dans la vie locale.

Hôtels Parmi les centaines d'hôtels de Bali, beaucoup sont bien situés et d'un bon rapport qualité/prix.

Resorts Bali offre les plus beaux complexes hôteliers du monde, sur la plage ou au cœur d'une vallée luxuriante, à des tarifs défiant toute concurrence.

Villas Vivez en sybarite en profitant d'une piscine privée.

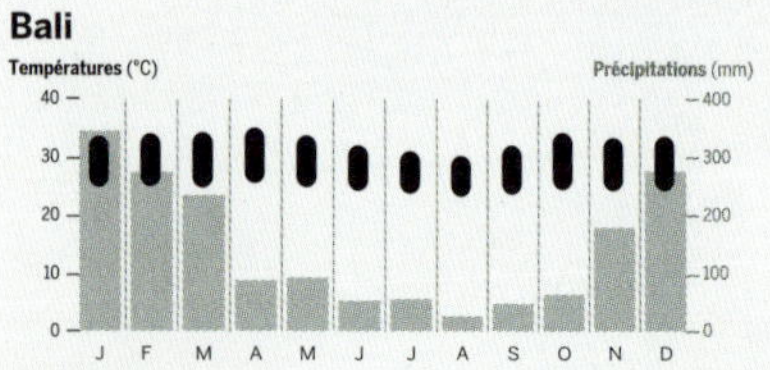

Quand partir

Haute saison (juil-août, déc). La période la plus chargée et la plus animée de Bali. Réservez vos hébergements bien à l'avance.

Saison intermédiaire (mai-juin, sept). Souvent le meilleur temps : plus frais et plus sec ; il y a moins de monde.

Basse saison (jan-avr, oct-nov). La saison la plus facile pour voyager de manière improvisée. Calme pendant la fête du Nyepi.

Sites Web

Les sites Internet comme homeaway.com ou airbnb.com proposent des centaines de villas et d'hébergements privés à Bali. Mais beaucoup des adresses indiquées n'ont pas de licence. Parmi les agences locales, citons :

Bali Discovery (☎ 0361-286283 ; www.balidiscovery.com). Principal site de promotions hôtelières (il est toujours utile de comparer ses tarifs aux principaux sites Internet) ; loue aussi des villas.

Bali Private Villas (☎ 0821 4415 5535, 0823 4131 5019; www.baliprivatevillas.com). Propose un grand nombre de villas luxueuses.

Petits budgets

Hotel Ayu Lili Garden (☎ 0361-750557). Hôtel familial à l'ancienne avec des chambres de style bungalow. Bonnes prestations.

Three Win Homestay (www.threewinhomestay.com). Chambres modernes avec lits confortables et salles de bains spacieuses sur une propriété familiale.

Pondok Batur Indah (☎ 0363-22342). *Guesthouse* aux chambres simples et propres, avec vue spectaculaire sur les rizières.

Catégorie moyenne

Puri Damai (www.puridamai.com). Appartements élégants dans une *guesthouse* au calme, proche de Double Six Beach.

Temple Lodge (www.thetemplelodge.com). Huttes et bungalows faits de chaume, de bois flotté et d'autres matériaux naturels, sur une falaise surplombant la mer.

Maison Aurelia Sanur (☎ 0361 4721111). Chambres d'hôtel dotées d'un mobilier somptueux et d'une décoration apaisante.

Pemedal Beach (www.pemedalbeach.com). Bungalows charmants et abordables près d'une plage sablonneuse avec une piscine à débordement.

Swasti Eco Cottages (www.baliswasti.com). Vaste propriété possédant un jardin bio, une piscine, un spa et proposant des cours de yoga. À 5 minutes à pied de Monkey Forest.

Melasti Beach Bungalows (www.melastibeachamed.com). Bon rapport qualité-prix pour ce B&B tenu par un expatrié américain très accueillant.

Catégorie supérieure

Oberoi (www.oberoihotels.com). Retraite de style balinais sur la plage, avec des prestations de luxe comme des vérandas et des piscines privatives.

Mandapa (www.ritzcarlton.com). Suites et villas au cœur d'une spectaculaire vallée entourée de rizières.

Alila Villas Uluwatu (www.alilahotels.com/uluwatu). Magnifique et vaste complexe hôtelier de style contemporain.

Hotel Komune (www.komuneresorts.com). Complexe hôtelier en front de mer dédié au surf. Autres activités comme la méditation guidée et un club pour enfants avec un skatepark.

Un fil d'Ariane en voyage

Vous êtes ressortissant français ? Pensez à vous enregistrer sur le **portail Ariane** (pastel.diplomatie.gouv.fr/fildariane) du ministère des Affaires étrangères. Ce service gratuit vous permet de recevoir des alertes si la situation le justifie. Crise politique, catastrophe naturelle, attentat... recevez en temps réel des consignes de sécurité lors de votre voyage.

Il existe une application pour les Smartphones et les tablettes, intitulée Conseils aux voyageurs.

Arriver à Bali

Aéroport international Ngurah Rai (Denpasar) La course en taxi coûte 80 000 Rp jusqu'à Kuta, 130 000 Rp jusqu'à Seminyak et 300 000 Rp jusqu'à Ubud.

Benoa Harbour Les bateaux Pelni y font escale.

Gilimanuk Service de ferries depuis/vers Java.

Sanur Service de bateaux pour Nusa Lembongan, Nusa Ceningan et Nusa Penida.

Padangbai Service de bateaux pour Lombok et les îles Gili.

Depuis la France

Il n'y a pas de vol direct pour Bali au départ de la France. Vous ferez au moins une escale à Shanghai, Singapour, Bangkok, ou Kuala Lumpur par exemple. Comptez en moyenne entre 17 et 25 heures de vol. Certains voyageurs atterrissent à Jakarta (à partir de 600 € aller-retour) et en profitent pour visiter l'île de Java avant de rejoindre Bali en ferry.

Air France et KLM assurent un vol quotidien (à partir de 1 020 €) pour Denpasar via Singapour. Eva Air, Malaysia Airlines, Thai Airways, et de nombreuses autres compagnies desservent régulièrement Bali. Singapour Airlines propose par exemple un vol via Singapour à 815 € aller-retour. En toutes saisons, en réservant longtemps à l'avance, vous pouvez trouver des offres autour de 700 € aller-retour.

Les prestataires ci-dessous sont susceptibles de proposer des vols secs intéressants.

- **Air France** (☎36 54 ; www.airfrance.fr)
- **Bourse des voyages** (☎0 899 650 649 ; www.bourse-des-vols.com)
- **Les Connaisseurs du Voyage** (☎01 53 95 27 00 ou 04 91 92 08 91 ; www.connaisseursvoyage.fr)
- **Tui** (ex-Nouvelles Frontières ; ☎0 825 000 825 ; www.tui.fr)
- **Oui SNCF** (☎01 84 90 90 90 ; www.oui.sncf)
- **Voyageurs du monde** (☎01 42 86 16 00 ; www.voyageursdumonde.fr)

Depuis la Belgique

En vous y prenant bien à l'avance, un vol (avec escales ; environ 25 heures) peut revenir à environ 600 € hors saison et 700 € en haute saison. Pour un vol avec une escale (environ 20 heures), comptez autour de 950 €. Singapore Airlines, Emirates, KLM et Etihad Airways comptent parmi les compagnies desservant Bali, avec 1 ou 2 escales. Brussels Airlines ne propose pas de vols à destination de l'Indonésie (il vous faudra transiter par Singapour ou Bangkok).

Quelques transporteurs

et agences recommandés :

- **SN Brussels Airlines** (☎0902 51 600 ; www.brusselsairlines.com)
- **British Airways** (☎02/717 32 17 ; www.britishairways.com)
- **Airstop** (☎070 233 188 ; www.airstop.be)
- **Connections** (☎070 23 33 13 ; www.connections.be)
- **Éole Gigatour** (www.gigatour.be)

Depuis la Suisse

Des vols avec 1 ou 2 escales relient fréquemment Genève (ou Zurich) à Denpasar. Comptez 18 à 25 heures de trajet et au minimum 700 CHF en basse saison et 1 000 CHF en haute saison. Parmi les compagnies desservant Denpasar, citons Qatar Airways, Emirates, Lufthansa ou Etihad Airways.

Quelques transporteurs et agences utiles :

- **Swiss International Air Lines** (☎848 700 700 ; www.swiss.com)
- **Lufthansa** (☎0 900 900 922 ; www.lufthansa.com)
- **Jerrycan** (☎022/346 92 82 ; www.jerrycan-travel.ch)

Depuis le Canada

Depuis le Canada, il faudra transiter la plupart du temps par une ville européenne et/ou d'Asie. Ainsi, Cathay Pacific, KLM et Korean Air proposent des vols pour Denpasar depuis Montréal avec 2 voire 3 escales. Le trajet Montréal-Denpasar prend au minimum 23 heures. Les tarifs aller-retour commencent à 1 800 $C.

Quelques adresses utiles :

- **Air Canada** (☎1 888 247 2262 ; www.aircanada.com)
- **Expedia** (www.expedia.ca)

Voyages et changements climatiques

Tous les moyens de transport fonctionnant à l'énergie fossile génèrent du CO2 – la principale cause du changement climatique induit par l'homme. L'industrie du voyage est aujourd'hui dépendante des avions. Si ceux-ci ne consomment pas nécessairement plus de carburant par kilomètre et par personne que la plupart des voitures, ils parcourent en revanche des distances bien plus grandes et relâchent quantité de particules et de gaz à effet de serre dans les couches supérieures de l'atmosphère. De nombreux sites Internet utilisent des "compteurs de carbone" permettant aux voyageurs de compenser le niveau des gaz à effet de serre dont ils sont responsables par une contribution financière à des projets respectueux de l'environnement. Lonely Planet "compense" les émissions de tout son personnel et de ses auteurs.

- **Flight Hub** (☎1 800 900 1431 ; www.flighthub.com)
- **Travel Cuts** (☎1 800 667 2887 ; www.travelcuts.com)

Comment circuler

Vélo

- Les visiteurs sont de plus en plus nombreux à découvrir l'île à *sepeda* (vélo) et à utiliser ce moyen de transport pour se déplacer en ville ou pour des excursions à la journée.
- Nombreux dans les zones touristiques, les vélos à louer sont souvent en mauvais état. Renseignez-vous auprès de votre hôtel. Comptez au moins 30 000 Rp/jour.

Voiture avec chauffeur

- Louer un véhicule avec chauffeur est une excellente solution pour circuler à Bali en s'évitant le stress de la conduite. C'est en outre plus avantageux si vous êtes à plusieurs.
- Il est assez facile de trouver un chauffeur. Il suffit de prêter attention aux offres de "transport" aux abords des sites touristiques. Vous pouvez aussi vous adresser directement à un chauffeur ou passer par votre hôtel, une solution plus fiable.
- Comptez en moyenne de 500 000 à 800 000 Rp par jour.
- En route, payez le déjeuner de votre chauffeur (donnez-lui 20 000 Rp car il ne voudra pas manger avec vous) et offrez-lui en-cas et boissons.

Voiture et moto

- La location d'une voiture ou d'une moto à Bali permet d'explorer l'île tout en offrant un gain de temps appréciable car à certaines heures la circulation peut être éprouvante, surtout dans le sud de Bali. Vous aurez le loisir de gérer votre temps et de partir à la découverte d'une myriade de petites routes secondaires.
- Votre hébergement pourra vous aider à organiser la location d'une moto. Comptez environ 60 000 Rp par jour.

Taxi

- Les taxis avec compteur sont courants dans le sud de Bali et à Denpasar (pas à Ubud). Indispensables pour se déplacer, ils stationnent en général dans les lieux animés. De façon générale, ils vous éviteront d'avoir à marchander avec un chauffeur proposant un "transport".
- La meilleure compagnie est, de loin, **Blue Bird Taxi** (☎021 7917 1234, 021 798 1234 ; www.bluebirdgroup.com), avec ses taxis bleus au toit surmonté d'une lumière en forme d'oiseau bleu. Les chauffeurs parlent un anglais correct et utilisent le taximètre. Beaucoup d'expatriés ne jurent que par eux. Blue Bird dispose d'une application qui permet aux chauffeurs de venir vous chercher à l'endroit où vous vous trouvez, comme Uber. Attention aux nombreuses contrefaçons. Il doit y avoir l'inscription "Blue Bird" sur le pare-brise

et un numéro de téléphone.

Bus touristiques

- Les bus touristiques comme **Kura-Kura Bus** (plan p. 38, F7 ; ☎0811 3960 0777 ; www.kura2bus.com ; Jl Ngurah Rai Bypass, rdc, DFS Galleria, Kuta ; 20 000-80 000 Rp, pass 3/7 jours à partir de 150 000/250 000 Rp ; wifi) et **Perama** (☎0361-750808 ; www.peramatour.com) sont un moyen économique et pratique de circuler. Des panneaux proposent ces services dans les principales zones touristiques. Ce sont en général des véhicules de 8 à 20 passagers. Moins rapides qu'une voiture avec chauffeur, ils sont bien plus simples à utiliser que les *bemo* (minibus) et les bus publics.

Infos pratiques

Argent

Les distributeurs de billets sont courants et il est facile de changer de l'argent. Les cartes bancaires sont acceptées dans les établissements les plus chers (mais il y a souvent une surtaxe de 3% environ).

Change

- Le dollar américain est la devise la plus facile à changer. Ayez si possible des billets neufs de 100 $US.
- Consultez le taux de change sur Internet. Sachez que toute personne offrant un meilleur taux ou ne prenant pas de commission réalisera un profit d'une manière ou d'une autre.
- Adressez-vous aux banques, aux bureaux de change des aéroports ou aux grandes agences renommées comme **Central Kuta Money Exchange** (☎0361 4741940), qui a des bureaux dans le sud de Bali et à Ubud.

DAB (distributeurs automatiques de billets)

On trouve des DAB (ATM) partout à Bali – la plupart acceptent les cartes de retrait internationales et les principales cartes de crédit pour les avances en espèces.

- La plupart des ATM donnent l'argent avant de rendre la carte, prenez garde à ne pas oublier cette dernière.
- Les détournements de cartes bancaires sont répandus à Bali – n'utilisez que les ATM rattachés à une banque si possible et vérifiez vos relevés de compte après un retrait.

Pourboire

Restaurants
Les pourboires ne sont pas attendus, mais si le service est bon, on peut laisser 5 000 Rp ou un minimum de 10%.

Services Remettez-les en mains propres à ceux à qui vous les destinez (chauffeurs, porteurs, masseurs, serveurs, etc.). Un bon pourboire est compris entre 5 000 Rp et 10 000 Rp, ou représente 10% à 20% du tarif.

Hôtels Les hôtels et restaurants de catégorie moyenne ou supérieure appliquent un supplément de

21% (appelé "plus plus") pour la taxe et le service.

Électricité

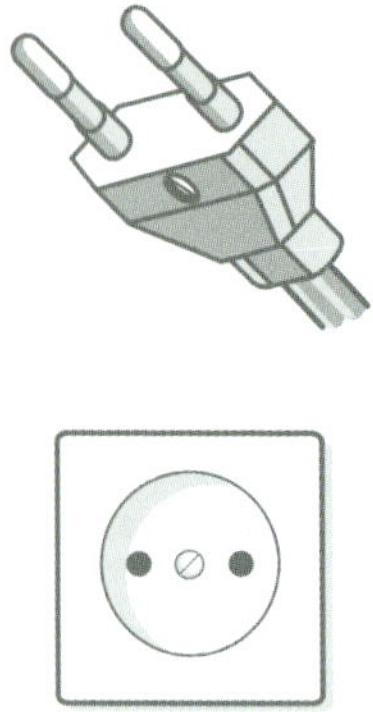

Type C
230 V/50 Hz

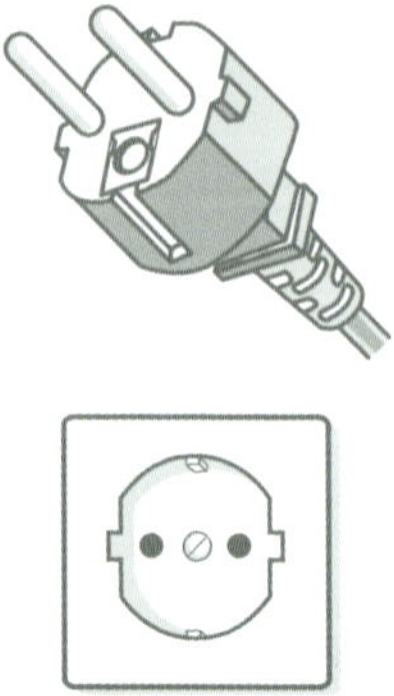

Type F
230 V/50 Hz

Formalités et visas

Les ressortissants de l'UE, ainsi que les Suisses et les Canadiens n'ont plus besoin d'un visa pour un séjour de moins de 30 jours. Il faut que votre passeport soit valide 6 mois après la date d'entrée et que vous présentiez un billet retour. Renseignez-vous avant votre départ sur le site de l'ambassade d'Indonésie en France (kemlu.go.id/paris/lc). Pour un voyage de plus de 30 jours, le visa reste obligatoire.

- **Visa à l'avance** "Visa in Advance" : les visiteurs peuvent faire une demande avant leur départ pour l'Indonésie. Les procédures varient d'un pays à l'autre, aussi contactez l'ambassade ou le consulat indonésien le plus proche de votre domicile. Notez que c'est souvent le seul moyen d'obtenir un visa touristique de 60 jours, même si vous remplissez les conditions pour un "visa à l'arrivée" (Visa on Arrival ; VOA).
- **Visa à l'arrivée** "Visa on Arrival ; VOA" : les citoyens de la plupart des pays (incluant la France, la Belgique, le Canada et la Suisse) peuvent faire une demande de visa de 30 jours renouvelable une fois à leur arrivée dans les principaux aéroports et ports. Ce visa coûte 35 $US ; prévoyez le montant exact en dollars américains (possibilité de changer vos euros au taux de change du jour, l'opération est rapide).
- Avant le départ, il est impératif de contacter les ambassades et les consulats pour s'assurer que les modalités d'entrée sur le territoire n'ont pas changé. Nous vous conseillons de scanner ou de photocopier tous vos documents importants (pages d'introduction de votre passeport, cartes de crédit, police d'assurance, billets de train/d'avion/de bus, permis de conduire, etc.). Conservez ces copies à part des originaux. Vous remplacerez ainsi plus aisément ces documents en cas de perte ou de vol.

Handicapés

Sanur et Nusa Dua – où se trouvent les hôtels et complexes hôteliers haut de gamme – sont davantage accessibles en fauteuil roulant que Kuta, Legian et Seminyak, même si des promenades de plage adaptées existent partout. Les trottoirs sont hauts, pleins de nids-de-poule, mal entretenus et bondés, et de nombreux établissements ne sont équipés que de marches. La plupart des temples ne sont que partiellement accessibles en fauteuil roulant, les escaliers faisant partie intégrante de la philosophie des temples hindous. Cependant, il y a souvent un moyen de contourner ces escaliers – demandez au gardien.

Bali One Care (balionecare.com/en/). Peut fournir des moyens de transport accessibles et une grande variété d'équipement médical et de mobilité, ainsi que des services de soins et de baby-sitting.

Dernière minute

Au moment de la mise sous presse de ce guide, nous apprenions que le gouvernement indonésien préparait la mise en oeuvre d'une taxe de 14 $ US pour les touristes arrivant sur l'île. L'argent ainsi récolté servira à la protection de l'environnement. Renseignez-vous avant votre départ.

En France

L'**APF France handicap** (☎01 40 78 69 00 ; www.apf-francehandicap.org ; 17 bd Auguste-Blanqui, 75013 Paris) peut fournir des informations utiles sur les voyages accessibles. **Yanous** (www.yanous.com), **Hizy** (hizy.org), **Handicap.fr** (www.handicap.fr) et **Tourisme et handicaps** (www.tourisme-handicaps.org) constituent également de bonnes sources d'information.

Désormais, les principales plateformes d'hébergement que sont **Abritel** (www.abritel.fr), **Airbnb** (www.airbnb.fr), **Booking** (www.booking.com) et **Hotels.com** (fr.hotels.com) ont intégré des critères d'accessibilité à leur moteur de recherche. **Mobee Travel** (www.mobeetravel.com) est une startup qui regroupe des hébergements accessibles et qui propose aussi des séjours sur mesure. Les agences de voyages **Yoola** (www.yoola.fr) et **Comptoir des voyages** (www.comptoirdesvoyages.fr) organisent des circuits adaptés aux personnes à mobilité réduite.

Heures d'ouverture

Les horaires habituels sont les suivants :

Administration 8h-15h lundi-jeudi, 8h-12h vendredi (mais pas partout)

Banques 8h-14h lundi-jeudi, 8h-12h vendredi, 8h-11h samedi

Boutiques et services pour touristes 9h-20h tlj, voire plus tard

Bureaux de poste 8h-14h lundi-vendredi, plus tard dans les zones touristiques

Restaurants et cafés 8h-22h tlj

Jours fériés

Les jours fériés suivants sont célébrés dans toute l'Indonésie. La plupart des dates changent en fonction des cycles lunaires (différents des mois) ou du calendrier religieux ; la plupart des fêtes indiquées ici sont donc approximatives.

Tahun Baru Masehi (Nouvel An). 1er janvier

Tahun Baru Imlek (Nouvel An chinois). Fin janvier à début février

Wafat Yesus Kristus (Vendredi Saint). Fin mars ou début avril

Hari Buruh (fête du Travail). 1er mai

Hari Waisak (naissance, éveil et mort du Bouddha). Mai

Kenaikan Yesus Kristus (Ascension du Christ). Mai

Hari Proklamasi Kemerdekaan (fête de l'Indépendance). 17 août

Hari Natal (Noël). 25 décembre

Santé

- Ne buvez pas d'eau du robinet à Bali.
- Facile à trouver et peu chère, l'eau en bouteille est généralement sûre ; vérifiez toutefois que le bouchon n'a pas été décapsulé. Réutilisez vos bouteilles ou utilisez plutôt une gourde.
- Les glaçons dans les restaurants sont bons s'ils sont de taille identique et faits en usine (dans les grandes villes et les régions touristiques). Évitez ceux qui sont irréguliers (plutôt dans les zones rurales).
- Évitez les jus de fruits hormis ceux des restaurants et cafés touristiques.
- Dans le sud de Bali et à Ubud, des cliniques prennent en charge les touristes. N'importe quel hôtel vous mettra en relation avec un médecin parlant au moins l'anglais.
- En cas de maladie grave, les étrangers sont mieux pris en charge à la **BIMC** (☎ Kuta 0361-761263, Ubud 0361 2091 030 ; www.bimcbali.com ; Jl Ngurah Rai 100X, Kuta ; Jl Sanggingan 21, Ubud ; ⏰ 24h/24), une clinique privée onéreuse traitant essentiellement les touristes et les expatriés.
- Vérifiez que votre assurance maladie et/ou voyage vous couvre ; emportez une copie de votre contrat avec vous. Mieux vaut souscrire une assurance qui prend en charge un éventuel rapatriement sanitaire (qui peut coûter jusqu'à 100 000 $US). Certaines ne couvrent pas les "activités dangereuses" comme la plongée, la moto ou même la randonnée. Sachez qu'un permis moto obtenu localement n'est pas valable sous certains contrats.
- La diarrhée du voyageur (alias "Bali Belly") est courante. Hydratez-vous bien : il existe des solutions réhydratantes. Si votre état ne s'améliore pas dans les 24 heures, prenez des antibiotiques.

- Des empoisonnements et décès dus à l'*arak* (alcool obtenu par la distillation du sucre de palme ou de canne), frelaté avec du méthanol, un alcool toxique, ont été signalés. Évitez d'en consommer hors des grands restaurants et cafés.
- Il fait chaud et humide toute l'année à Bali. La majorité des voyageurs ne s'acclimateront à la chaleur qu'au bout de deux semaines. Le gonflement des pieds et des chevilles est courant, comme le sont les crampes musculaires causées par une sudation excessive. Prenez garde à la déshydratation et à l'activité physique prolongée en cas de forte chaleur.

Sécurité

Par rapport à d'autres destinations, Bali est assez sûre. S'il faut se méfier de quelques voyous qui en ont après votre argent, les risques d'agression sont très limités. Il y a eu quelques cas très médiatisés de visiteurs blessés ou tués à Bali. Les trajets en bateau comportent des risques. Prenez vos précautions.

Toilettes

- Les toilettes à l'occidentale sont répandues dans les secteurs touristiques.
- Le jour, choisissez un café ou un hôtel (il n'y a des toilettes publiques que dans les sites touristiques majeurs).

Langue

L'indonésien, ou *bahasa indonesia*, est la langue nationale officielle. À Bali, la plupart des habitants parlent aussi leur langue maternelle, le balinais. L'apprentissage de cette langue n'est pas impératif pour le voyageur occasionnel, même s'il peut être intéressant de connaître quelques mots.

La prononciation du *bahasa indonesia* ne pose pas de problème. La plupart des lettres se prononcent plus ou moins de la même manière qu'en français. Notez cependant que le *c* se prononce "tch", le *e* se prononce parfois à peine, parfois "é" et parfois "eu", le *j* se prononce "dj", le *k* ne se prononce pas en fin de mot, le *r* est légèrement roulé et le *u* se prononce "ou".

La règle générale est d'accentuer l'avant-dernière syllabe. La principale exception est le *e* non accentué dans les mots comme *besar* (grand).

Vocabulaire de base

Salut	*Salam*
Au revoir (si on part)	*Selamat tinggal*
Au revoir (si on reste)	*Selamat jalan*
Comment allez-vous ?	*Apa kabar?*

Je vais bien, et vous ?
Kabar baik, Anda bagaimana?

Excusez-moi	*Permisi*
Désolé	*Maaf*
S'il vous plaît	*Silahkan*
Merci	*Terima kasih*
Bienvenue	*Kembali*
Oui/Non	*Ya/Tidak*
Monsieur	*Bapak*
Madame	*Ibu*
Mademoiselle	*Nona*

Quel est votre nom ?
Siapa nama Anda?

Je m'appelle...
Nama saya...

Parlez-vous anglais ?
Bisa berbicara Bahasa Inggris?

Je ne comprends pas.
Saya tidak mengerti.

Achats et services

J'aimerais acheter...
Saya mau beli...

Combien ça coûte ?
Berapa harganya?

C'est trop cher
Itu terlalu mahal

Pouvez-vous baisser le prix ?
Boleh kurang?

bureau de change
kantor penukaran mata uang asing

carte bancaire	*kartu kredit*
cybercafé	*warnet*

poste	*kantor pos*
téléphone	*hanpon*

Au restaurant

Que recommandez-vous ?
Apa yang Anda rekomendasikan?

C'était délicieux.	*Ini enak sekali.*
Santé !	*Bersulang!*
L'addition, s'il vous plaît.	*Tolong bawa, kuitansi.*

Je ne mange pas de...
Saya tidak mau makan...

cacahuètes	*kacang tanah*
fruits de mer	*makanan laut*
poisson	*ikan*
produits laitiers	*susu dan keju*
viande (rouge)	*daging (merah)*

Directions

Où se trouve... ?
Di mana...?

Quelle est l'adresse ?
Alamatnya di mana?

Pouvez-vous me l'écrire, s'il vous plaît ?
Anda bisa tolong tuliskan?

Pouvez-vous me montrer (sur la carte) ?
Anda bisa tolong tunjukkan pada saya (di peta)?

à l'angle	*di sudut*
aux feux de circulation	*di lampu merah*
derrière	*di belakang*
en face de	*di depan*
gauche	*kiri*
à côté de	*di samping*
droite	*kanan*
tout droit	*lurus*

Hébergement

Avez-vous une chambre disponible ?
Ada kamar kosong?

Quel est le prix par jour/personne ?
Berapa satumalam/orang?

Le petit-déjeuner est-il inclus ?
Apakah harganya ter masuk makan pagi?

auberge de jeunesse	*pemuda*
camping	*tempat kemah*
hôtel	*hotel*
pension (guesthouse)	*losmen*
une chambre...	*kamar...*
simple	*untuk satu orang*
double	*untuk dua orang*
climatisée	*dengan AC*
salle de bains	*kamar mandi*
fenêtre	*jendela*

Jours

le matin	*pagi*
l'après-midi	*siang*
le soir	*malam*
aujourd'hui	*hari ini*
demain	*besok*
hier	*kemarin*
lundi	*hari Senin*
mardi	*hari Selasa*
mercredi	*hari Rabu*
jeudi	*hari Kamis*
vendredi	*hari Jumat*

samedi	*hari Sabtu*
dimanche	*hari Minggu*

Nombres

1	*satu*
2	*dua*
3	*tiga*
4	*empat*
5	*lima*
6	*enam*
7	*tujuh*
8	*delapan*
9	*sembilan*
10	*sepuluh*
20	*duapuluh*
30	*tigapuluh*
40	*empatpuluh*
50	*limapuluh*
60	*enampuluh*
70	*tujuhpuluh*
80	*delapanpuluh*
90	*sembilanpuluh*
100	*seratus*
1 000	*seribu*

Voiture et deux-roues

J'aimerais louer un(e)...
Saya mau sewa...

4x4	*gardan ganda*
moto	*sepeda motor*
vélo	*sepeda*
voiture	*mobil*
casque	*helem*
diesel	*solar*
essence	*bensin*
pompe (à vélo)	*pompa sepeda*
siège enfant	*kursi anak untuk di mobil*
station-service	*pompa bensin*

Urgences

À l'aide !
olong saya!

Je suis perdu
Saya tersesat

Laissez-moi !
Jangan ganggu saya!

Appelez un médecin/la police !
Panggil dokter/ polisi!

Je suis malade.
Saya sakit.

Je suis allergique aux (antibiotiques).
Saya alergi (antibiotik).

Langue locale

Balinais

Comment allez-vous ?
Kenken kabare?

Quel est votre nom ?
Sire wastene?

Je m'appelle...
Adan tiange...

Je ne comprends pas.
Tiang sing ngerti.

Combien coûte ceci ?
Ji kude niki?

Merci
Matur suksma

Comment appelez-vous cela en balinais ?
Ne ape adanedi Bali?

Quel est le chemin pour... ?
Kije jalan lakar kel...?

Glossaire

adat – us et coutumes

aling aling – petit mur qui protège l'entrée des maisons

anak-anak – enfants

apotik – pharmacie

arja – forme raffinée de théâtre balinais, opéra dansé

Arjuna – l'un des héros du Mahabharata et image populaire de gardien de temple

bahasa – langue ; le *bahasa indonesia* est la langue nationale de l'Indonésie

bale – pavillon ouvert doté d'un toit de chaume pentu

bale banjar – lieu de réunion du *banjar* ; maison où l'on se réunit et où s'entraîne l'orchestre du gamelan

balian – guérisseur

banian – arbre du genre ficus, voisin du figuier, souvent considéré comme sacré

banjar – division territoriale d'un village représentée par tous les hommes adultes mariés

bapak – père et vocatif poli quand on s'adresse à un vieil homme ; voir aussi *pak*

Barong – créature mythologique mi-lion, mi-chien ; ennemi de Rangda, la reine démon. La lutte éternelle du bien et du mal est figurée par la danse du Barong.

baten tegeh – pyramides décoratives de fruits, de gâteaux de riz et de fleurs

batik – procédé d'impression d'un tissu qui consiste à en recouvrir une partie avec de la cire, puis à teindre l'autre avant de faire fondre la cire. La partie enduite n'a donc pas pris la teinture ; on répète l'opération pour chaque couleur.

bemo – un minibus, mais aussi parfois un pick-up dans les zones rurales

bensin – essence (carburant)

beruga – salle de réunion communale

bhur – monde des démons

bhwah – monde des humains

Brahma – le créateur, l'un des dieux de la trinité hindouiste

Brahmana – la caste des prêtres et la plus haute des castes balinaises

bu – mère ; forme abrégée d'*ibu*

bukit – colline ; nom de la péninsule du sud de Bali

bulan – mois

candi – sanctuaire, de plan javanais à l'origine ; également appelé *prasada*

candi bentar – porte d'entrée d'un temple

cendrawasih – oiseaux de paradis

cengceng – cymbales

dalang – marionnettiste et conteur d'un spectacle de *wayang kulit*

danau – lac

desa – village

deva – divinité ou esprit surnaturel

devi – déesse

Devi Sri – déesse du Riz

dharma – bon, bien

Durga – déesse de la Mort et de la Destruction, épouse de Shiva

dusun – petit village

endek – tissu élégant, comme le *songket*, dont la trame est préteinte

Gajah Mada – célèbre Premier ministre Majapahit qui vainquit le dernier roi de Bali et étendit le pouvoir des Majapahit sur l'île

gamelan – orchestre traditionnel balinais, composé essentiellement de percussions (grands xylophones, gongs, etc.) ; il peut compter plus d'une vingtaine de musiciens ; terme également utilisé pour l'instrument lui-même tel que le tambour ; aussi appelé *gong*

Ganesh – fils de Shiva à tête d'éléphant

gang – ruelle ou chemin

Garuda –créature mythologique mi-homme, mi-oiseau, véhicule de Vishnu ; symbole moderne de l'Indonésie (et de la compagnie aérienne nationale)

gedong – lieu saint

goa – grotte ; aussi orthographié "gua"

gong – voir gamelan

gong gede – grand orchestre ; forme traditionnelle du gamelan comportant de 35 à 40 musiciens

gong kebyar – forme moderne d'un *gong gede*, qui comprend jusqu'à 25 instruments

gua – (ou *goa*) grotte

gunung – montagne

gunung api – volcan

Hanuman – le dieu-singe qui joue un rôle majeur dans le Ramayana

ibu – mère ; et vocatif poli quand on s'adresse à une femme d'un certain âge

ikat – tissu dont les motifs sont obtenus en teignant individuellement les fils avant le tissage

jalan – route ou rue ; abrégé en Jl

Jl – *jalan* ; route ou rue

kain – pièce de tissu que l'on enroule autour de la taille et des hanches, par-dessus un sarong

kain poleng – pièce de tissu à carreaux noirs et blancs

kaki lima – carriole de vendeur de nourriture ambulant

kamben – pièce de *songket* enroulée autour de la poitrine pour les grandes occasions

kampung – village ou quartier

kangin – lever du soleil

kantor – bureau

kantor pos – bureau de poste

kecak – danse balinaise traditionnelle retraçant un épisode du Ramayana et mettant en scène le prince Rama et la princesse Sita

kedais – café (lieu)

kempli – *gong*

kendang – tambour à deux faces

kepala desa – chef de village

kriss – dague traditionnelle

kuah – côté du soleil couchant

labuhan – port ; aussi appelé *pelabuhan*

laki-laki – garçon

lamak – longues bandes en feuilles de palmier tressées qu'on accroche dans les temples pour les cérémonies et les fêtes

legong – danse classique balinaise ; jeunes filles qui dansent le *legong*

losmen – petit hôtel balinais, souvent tenu par une famille

Mahabharata – épopée de la mythologie hindoue racontant la bataille entre les Kaurava et les Pandava ; l'un des grands livres de l'hindouisme

Majapahit – la dernière grande dynastie hindoue de Java

meru – sanctuaire à plusieurs toits dans les temples

mobil – voiture

naga – créature mythologique qui ressemble à un serpent

nusa – île ; aussi *pulau*

Nyepi – grande fête annuelle du calendrier hindouiste *saka*, jour de repos total après une nuit passée à pourchasser les mauvais esprits

ogoh-ogoh – énormes dragons que l'on voit lors de la fête de Nyepi

ojek – moto-taxi

padi – riz sur pied

pak – père ; forme raccourcie de *bapak*

pantai – plage

pasar – marché

pasar malam – marché nocturne

pecalang – police d'un village ou d'un *banjar*

pedagang – marchands ambulants

pemangku – gardiens du temple et prêtres chargés des rites

perempuan – fille

plus plus – supplément de 21%, correspondant à l'ensemble taxe et service, ajouté à la note par les hébergements et les restaurants des catégories moyenne et supérieure

prada – tissu rehaussé de feuille d'or, ou de peinture et de fils d'argent/d'or

prahu – bateau traditionnel indonésien à balancier

prasada – sanctuaire ; voir aussi *candi*

pulau – île ; aussi *nusa*

puputan – combat rituel jusqu'à la mort, un choix suicidaire mais honorable face à un ennemi invincible

pura – temple

pura dalem – temple des morts

pura desa – temple du village pour les rites quotidiens

pura puseh – temple des fondateurs ou pères d'un village

pura subak – temple d'une association villageoise de riziculteurs

puri – palais

pusit kota – indique, sur les panneaux routiers, le centre de la ville

raja – seigneur ou prince

Ramayana – épopée mythologique dont les épisodes forment la trame de maints contes et danses balinais ; l'un des écrits fondamentaux de l'hindouisme

Rangda – sorcière-veuve, ou reine démon, dans la mythologie balinaise – elle représente le mal dans le théâtre et la danse traditionnels

raya – grand-route ; ainsi, Jl Raya Ubud signifie "la grand-route d'Ubud"

RRI – Radio Republik Indonesia ; radio nationale indonésienne

rumah makan – restaurant ; littéralement "maison pour manger"

saiban – offrande

sash – ceinture en tissu à nouer sur un sarong (homme)

sate – satay

sawah – rizière ; voir aussi *subak*

selat – détroit

sepeda – vélo

Shiva – le créateur et le destructeur ; l'un des trois grands dieux hindous

songket – tissu brodé de fils d'or ou d'argent, tissé à la main selon la technique de la trame flottante

stupa – sanctuaire en forme de dôme renfermant des reliques du Bouddha ou de hauts dignitaires religieux

subak – système d'irrigation et de gestion des rizières en terrasses géré par une association villageoise

Sudra – caste inférieure à laquelle appartiennent la plupart des Balinais

sungai – rivière

swah – monde des dieux

tahun – année

taksu – messager des dieux

tanjung – cap, promontoire

teluk – golfe ou baie

tika – pièce de tissu imprimée ou de bois sculpté représentant le cycle du Pawukon

tirta ou **toya** – eau

Vishnu – des trois grands dieux hindous, c'est celui qui préserve l'univers

warung – stand de nourriture ou gargote

wayang kulit – marionnettes en cuir du théâtre d'ombres ; voir aussi *dalang*

wuku – calendrier balinais basé sur une année de 210 jours

yeh – eau ; rivière

En coulisses

Vos réactions ?

Vos commentaires nous sont très précieux pour améliorer nos guides. Notre équipe lit vos lettres avec la plus grande attention et prend en compte vos remarques pour les prochaines mises à jour. Pour nous faire part de vos réactions, prendre connaissance de notre catalogue et vous abonner à notre newsletter, consultez notre site Internet : **www.lonelyplanet.fr**

Nous reprenons parfois des extraits de notre courrier pour les publier dans nos guides ou sites Web. Si vous ne souhaitez pas que vos commentaires soient repris ou que votre nom apparaisse, merci de nous le préciser. Notre politique en matière de confidentialité est disponible sur notre site Internet.

À propos de cet ouvrage

Cette 4e édition française est la traduction-adaptation de la 6e édition du guide *Pocket Bali* en anglais, mise à jour par MaSovaida Morgan, Mark Johanson et Virginia Maxwell. Les éditions précédentes ont été rédigées par Ryan Ver Berkmoes.

Traduction
Marie Chouteau

Direction éditoriale
Didier Férat

Responsable prépresse
Jean-Noël Doan

Adaptation française
Camille Marie

Maquette
Laurence Tixier

Cartographie Cartes adaptées en français par Eduardo Yanès-Blanch

Couverture
Adaptée en français par Laure Wilmot

Merci à Dominique Spaety pour son soutien. Ainsi qu'à Luan Angel et Nigel Longuet à Londres et à Jean-Pierre Masclef à Melbourne.

Un mot des auteurs

MaSovaida

Un grand merci à toutes les personnes merveilleuses qui m'ont aidée, éclairée et accompagnée tout au long de mon séjour à Bali : Rob, Margie, Max, Kristy et l'équipe Outsite ; Gigi et Annette ; Ty et Jeff ; et en particulier mon cher frère Bayu pour un voyage efficace et inoubliable.

Mark

Merci à tous les habitants de Lombok et Sumbawa qui m'ont orienté dans la bonne direction et m'ont aidé à naviguer dans les îles après le séisme, même lorsque leurs vies étaient bouleversées. Merci à Rudy Trekker, Gemma Marjaya, Kelly Goldie et Andy Wheatcroft d'avoir été des sources d'informations inestimables en chemin. Un grand merci à mon partenaire Felipe Bascuñán d'avoir accepté mes longues absences et à mon éditeur Niamh O'Brien de s'être régulièrement assuré que j'allais bien !

Virginia

Merci à Ryan Ver Berkmoes pour son briefing sur Bali, à Hanafi Dharma pour sa conduite et sa navigation averties et à Niamh O'Brien pour son suivi de la situation. Merci à Peter et Max Handsaker d'avoir gardé leur calme malgré le séisme et de m'avoir appelée régulièrement pour prendre de mes nouvelles. Je ne pourrais pas être auteure de voyage sans eux.

Crédits photographiques

Index

Voir aussi les index des rubriques :

Se restaurer p. 169
Prendre un verre p. 169
Sortir p. 170
Shopping p. 170

Référence des **sites**
Référence des **cartes**

Référence des **sites**
Référence des **cartes**

SE RESTAURER

PRENDRE UN VERRE

Virginia Maxwell

Basée en Australie, Virginia passe au moins la moitié de son temps à mettre à jour des guides de destinations du monde entier pour Lonely Planet. La Méditerranée est sa région de prédilection mais elle connaît aussi la Finlande, Bali, l'Arménie, les Pays-Bas, les États-Unis et l'Australie. Vous pouvez la suivre sur Instagram et sur Twitter @maxwellvirginia.

Nos auteurs

MaSovaida Morgan

MaSovaida est auteure de voyage et romancière multimédia. Son envie de voyager l'a menée dans plus de 40 pays et sur les 7 continents. Elle a été éditrice en charge de l'Amérique du Sud et de l'Antarctique pour Lonely Planet pendant 4 ans, et a travaillé comme rédactrice en chef pour des journaux et des ONG au Moyen-Orient et au Royaume-Uni. Vous pouvez la suivre sur Instagram @MaSovaida.

Mark Johanson

Mark a grandi en Virginie, aux États-Unis. Il a vécu dans 5 pays différents au cours des 10 dernières années, tout en faisant le tour du monde pour des journaux britanniques (*Guardian*), des magazines américains (*Men's Journal*) et des médias internationaux (CNN, BBC). Quand il n'est pas sur la route, il contemple les Andes depuis sa maison à Santiago, au Chili. Vous pouvez suivre ses aventures sur www.markjohanson.com.

AUTEURS
(suite)

Bali en quelques jours
4e édition
Traduit et adapté de l'ouvrage *Pocket Bali, 7th edition*

92 avenue de France - 75013 - Paris

Dépôt légal Novembre 2021
ISBN 978-2-81619-300-8

Imprimé par Pollina, Luçon, France - 44266
Réimpression 02, septembre 2022

En Voyage Éditions | un département édi8